超解 決算書で面白いほど会社の数字がわかる本

ICOコンサルティング会長
井上和弘【監修】

公認会計士・税理士
福岡雄吉郎【著】

あさ出版

はじめに

私は、これまで、いろいろな会社の決算書を見てきました。

前職では、上場会社の決算書が、「ルールに基づいて正確に作られているか？」をチェックしていました。現在は、中小企業を対象に「決算書を使って、いかにして会社にお金を残すか？」を指導しています。

公認会計士として上場会社の決算書を見ていたときは、確かに専門知識をたくさん勉強しました。しかし、その勉強は決算書を細かくチェックするためのものです。決して〝決算書を使って会社の数字がわかる〟ためのものではありませんでした。

現在は中小企業の財務体質改善や事業承継の指導を行っています。顧問先の理解や協力を得るために決算書を〝易しくシンプルに〟伝える方法が必要でした。ようやく、本当の意味で会社の数字を理解できるようになったと感じています。

どんな世界でも、本当によくわかっている人は難しいことを、〝易しくシンプルに〟伝えます。わかっていない人ほど、専門用語をたくさん使って難しく伝えます。

本書では、次の二点を工夫して、決算書を〝易しくシンプルに〟説明しています。

一つ目は、決算書を数字の羅列ではなく、図で考えていることです（第４章）。

二つ目は、決算書を分析する視点を、４つに絞ったことです（第5章）。

これからの会社経営は、売上より利益、利益よりお金（キャッシュフロー）を考えることが非常に重要になります。それには、決算書を読んで「お金の動き」をつかみ、決算書を使って「いかにお金を増やすか？」を考えなくてはなりません。

皆さん、「お金を増やす」ために損益計算書を見て、売上や利益ばかりを気にされます。しかし、お金を増やすためのカギは、実は貸借対照表にあります。

貸借対照表には、みなさんが気づかない「社内埋蔵金」が眠っています。その埋蔵金を発掘するためにも、決算書を〝易しくシンプルに〟考えていただきたいと思っています。

本書は、決算書初心者の方はもちろん、経営幹部や経営者の方にも、ぜひ読んでいただきたいと思っています。「会社をつぶさないための決算書の読み方」「いかに経営効率をあげ、お金の流れをよくするか」……そのヒントを散りばめました。

本書をお読みになり、一人でも多くの方が、会社の数字がわかるようになれば、これほど幸せなことはありません。

２０１６年6月吉日

福岡雄吉郎

業績を表す通信簿です

（単位：百万円）

科目	金額	
【売上高】		30,000
期首棚卸高	1,300	
商品仕入高	6,000	
当期製品製造原価	13,000	
期末棚卸高	2,300	
【売上原価】		18,000
（1）売上総利益		12,000
【販売費及び一般管理費】		8,000
（2）営業利益		4,000
受取利息	3	
受取配当金	10	
不動産賃貸料	350	
雑収入	97	
【営業外収益】		460
支払利息	100	
有価証券売却損	310	
為替差損	550	
雑損失	500	
【営業外費用】		1,460
（3）経常利益		3,000
投資有価証券売却益	300	
【特別利益】		300
災害損失	500	
固定資産売却損	700	
訴訟関連損失	100	
【特別損失】		1,300
（4）税引前当期純利益		2,000
【法人税、住民税及び事業税】		600
（5）当期純利益		1,400

製造業の場合のみ登場

ポイント① [図解]損益計算書は会社の

会社の業績を見るときは売上高よりも「利益」に注目しよう

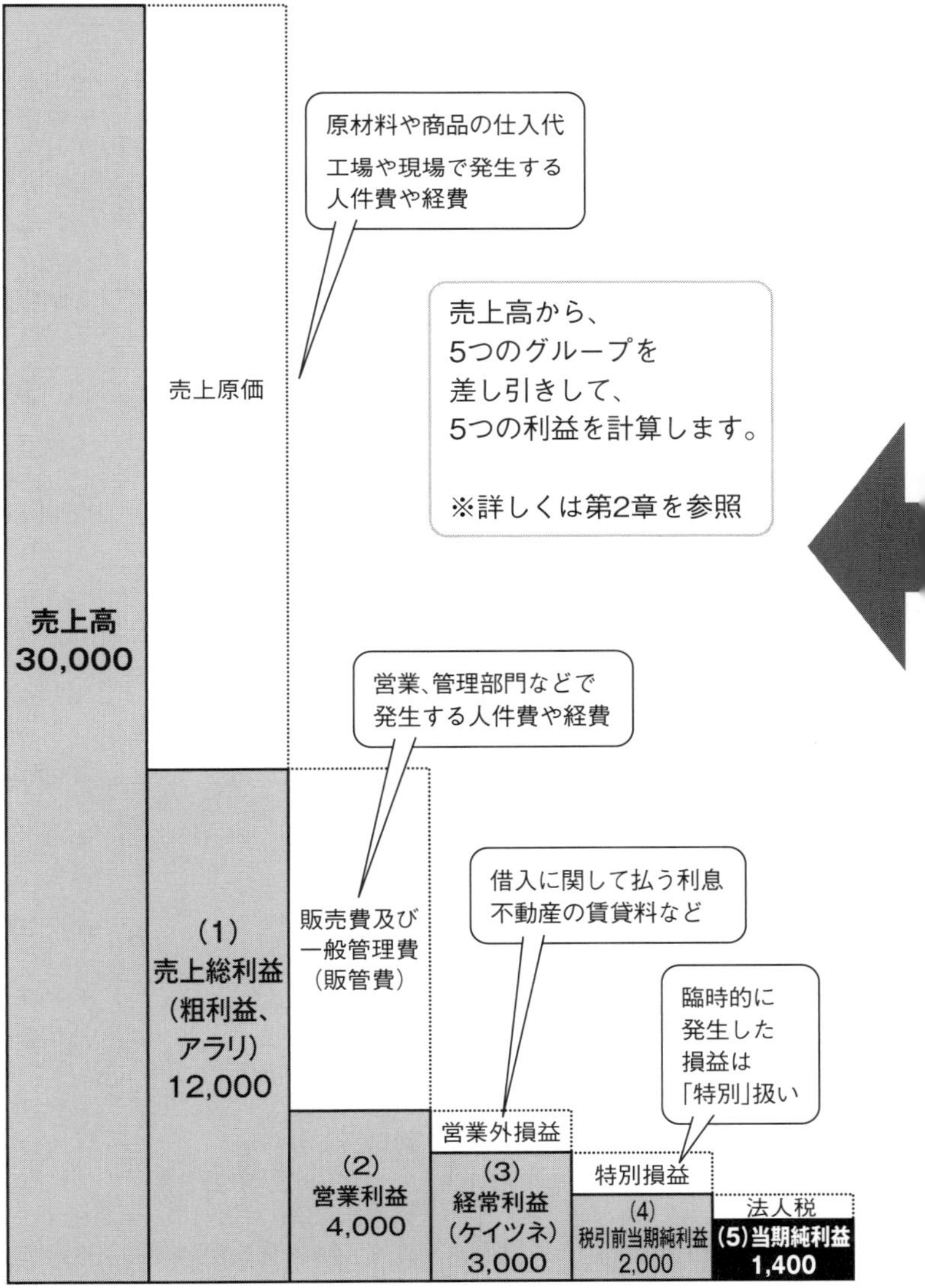

会社のフトコロをのぞいてみよう

（単位：百万円）

科目	金額	科目	金額
資産の部		**負債の部**	
流動資産	**11,300**	**流動負債**	**8,400**
現金及び預金	1,800	支払手形	900
受取手形	1,800	買掛金	1,800
売掛金	4,200	短期借入金	4,000
原材料	600	未払費用	700
仕掛品	400	未払金	250
商品及び製品	2,300	未払法人税等	500
前渡金	50	預り金	50
前払費用	150	賞与引当金	200
立替金	30		
その他	20	**固定負債**	**6,600**
貸倒引当金	△ 50	長期借入金	5,400
固定資産	**8,700**	退職給付引当金	700
有形固定資産	**7,200**	長期未払金	300
建物	1,400	その他	200
建物附属設備	300	**負債合計**	**15,000**
構築物	300		
機械及び装置	400		
車両運搬具	50	**純資産の部**	
工具器具・備品	50	**株主資本**	**4,900**
土地	5,200	資本金	200
減価償却累計額	△ 500	資本剰余金	20
無形固定資産	**100**	資本準備金	20
借地権	20	利益剰余金	4,780
ソフトウエア	70	利益準備金	180
その他	10	その他利益剰余金	4,600
投資その他の資産	**1,400**	別途積立金	700
投資有価証券	700	繰越利益剰余金	3,900
関係会社株式	150	自己株式	△ 100
長期貸付金	250	**評価換算差額等**	**100**
敷金及び保証金	250	その他有価証券評価差額金	100
その他	50	**純資産合計**	**5,000**
資産合計	**20,000**	**負債　純資産合計**	**20,000**

ポイント②　[図解]貸借対照表(第4章)で

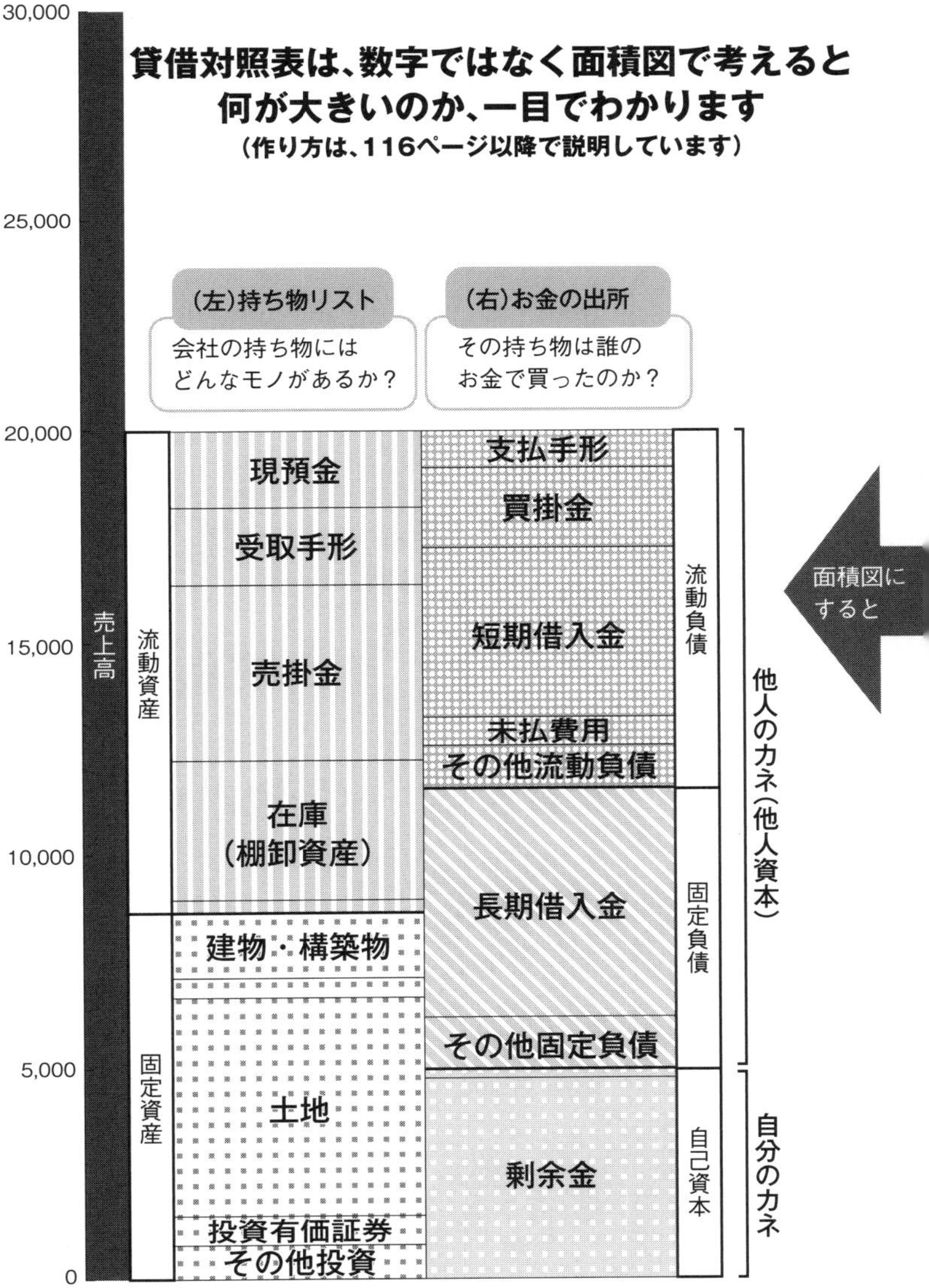
30,000
25,000
20,000
15,000
10,000
5,000
0
売上高
貸借対照表は、数字ではなく面積図で考えると
何が大きいのか、一目でわかります
(作り方は、116ページ以降で説明しています)
(左)持ち物リスト
会社の持ち物には
どんなモノがあるか？
(右)お金の出所
その持ち物は誰の
お金で買ったのか？
流動資産
現預金
受取手形
売掛金
在庫
(棚卸資産)
固定資産
建物・構築物
土地
投資有価証券
その他投資
支払手形
買掛金
短期借入金
未払費用
その他流動負債
長期借入金
その他固定負債
剰余金
流動負債
固定負債
自己資本
他人のカネ(他人資本)
自分のカネ
面積図にすると

知ろう

6ページの貸借対照表の要旨 （単位：百万円）

資産の部		負債及び純資産の部	
流動資産	11,300	流動負債	8,400
固定資産	8,700	固定負債	6,600
		負債合計	15,000
		株主資本	
		資本金	200
		資本剰余金	20
		利益剰余金	4,780
		自己株式	△ 100
		評価換算差額等	100
		純資産合計	5,000
資産合計	20,000	負債　純資産合計	20,000

損益計算書の「当期純利益」は、貸借対照表の「利益剰余金」にたまっていきます

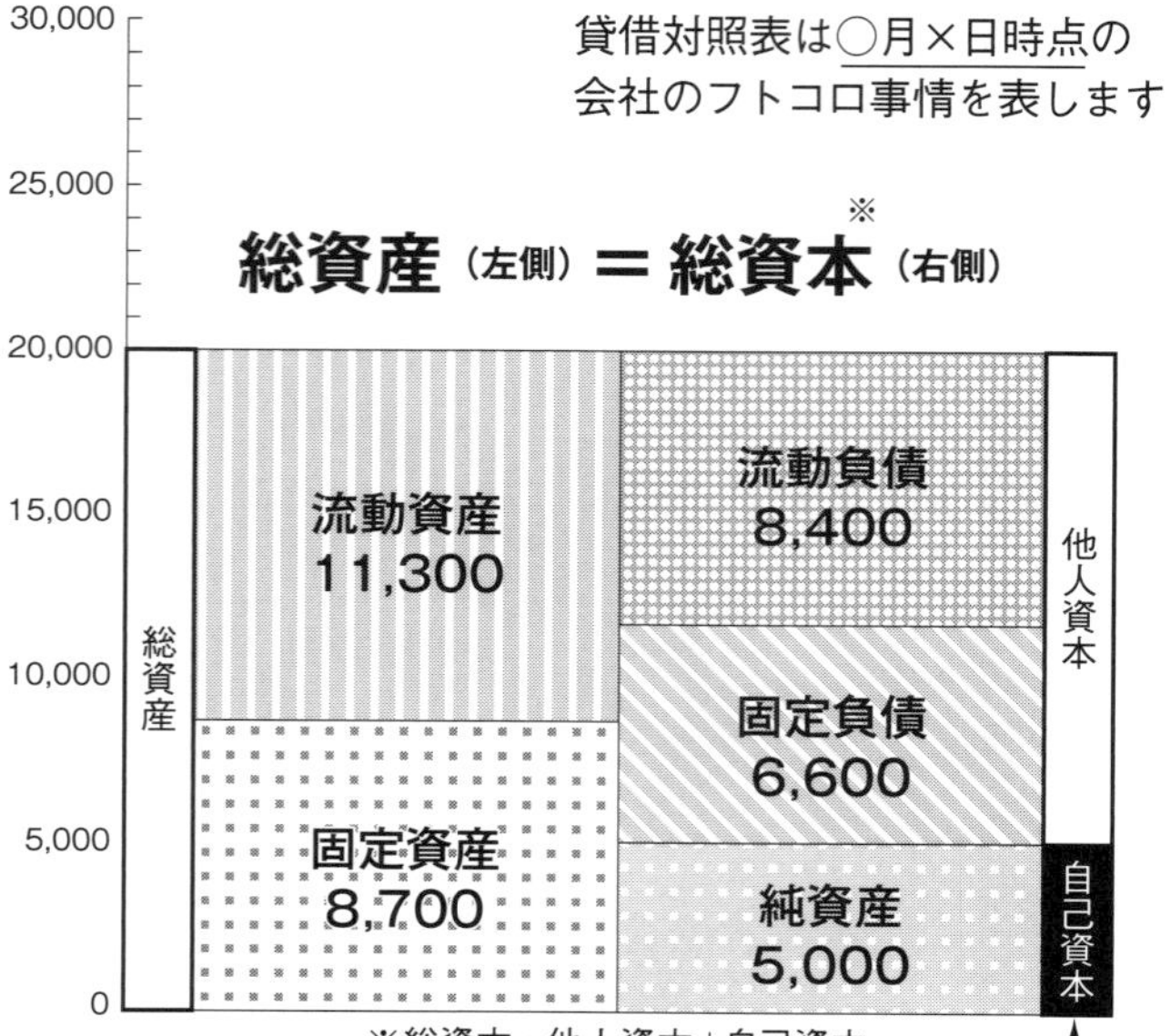

※総資本＝他人資本＋自己資本

ポイント③　[図解]決算書のつながりを

４ページの損益計算書の要旨　（単位：百万円）

科目	金額
売上高	30,000
売上原価	18,000
(1)売上総利益	12,000
販売費及び一般管理費	8,000
(2)営業利益	4,000
営業外収益	460
営業外費用	1,460
(3)経常利益	3,000
特別利益	300
特別損失	1,300
(4)税引前当期純利益	2,000
法人税、住民税及び事業税	600
(5)当期純利益	1,400

損益計算書は1年間の業績を表します

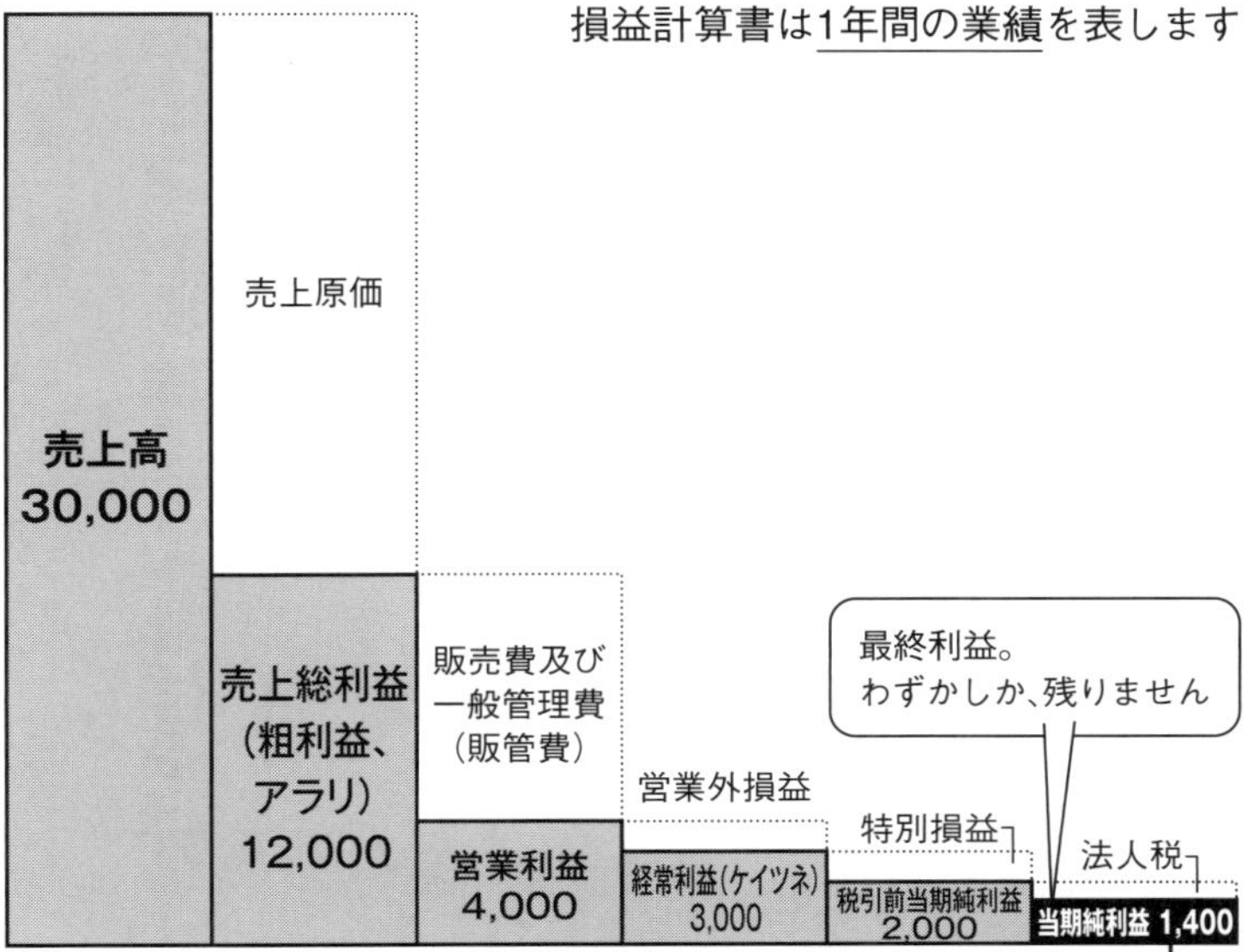

貸借対照表の自己資本（純資産）を見れば
会社がこれまで、どれだけ儲けてきたか、わかります。
自己資本の大きさこそ、会社の強さのバロメーターです

ポイント① [図解]損益計算書は会社の業績を表す通信簿です……4
ポイント② [図解]貸借対照表で会社のフトコロをのぞいてみよう……6
ポイント③ [図解]決算書のつながりを知ろう……8

第1章 会社の数字、4つのポイントを押さえれば十分

1 数字を知ることがなぜ大切なのですか……16
～勘違いや思い込みを防ぐために数字で考えるが、落とし穴もある

2 「会社の数字」を見る4つのポイント……20
～「収益性」「安定性」「金融力」「生産性」だが「収益性」が一番

3 「決算書を読むコツ」を身につける……24
～良い会社か悪い会社か。すぐに読めなくて当たり前。手段として使いこなす

4 素早く読むコツは欲張らないことです!……28
～60点主義で。単語の意味は後回し、数字は〝上から3ケタ〟で十分

5 2つの決算書で会社の数字を丸裸に……32
～損益計算書で「会社の業績」、貸借対照表で「会社の財産と借金」を見る

コラム① ヒトも会社も外見はすぐに変えられます……36

第2章 損益計算書で会社の業績をのぞいてみよう

6 損益計算書は会社の通信簿です……38
～利益は1年単位で測り、「いつ」「どこで」発生したかで5分類する

第4章

貸借対照表で会社のフトコロ事情をのぞく

21 【負債の部】他人資本では借入金の大きさに注目……104
~他人に払うお金はどうか。売上代金を早くもらえば運転資金は必要ない
22 【純資産の部】自己資本は誰にも返済する必要のないお金……108
~資本金はポケットから出たお金。カギとなる利益剰余金を誤解しない
23 掛、手形、在庫、引当金……つまずく言葉を押さえる……112
~難しそうに見える貸借対照表もポイントを押さえればなんとかなる
24 貸借対照表を面積図で「グラフ化」する……116
~数字ではわかりにくいので6ステップにより視覚でつかむ
25 欠点は現在の価値(時価)がわからないこと……124
~売掛金、在庫、土地は取引当時の金額で載っているので要注意
コラム④ 建設業は一味違います……128

第5章 4つのポイントで実際に見てみよう

26 わが社はもうかっていますか? 〈収益性〉……132
~会社の実力を見るのは経常利益で。少ない資産でたくさんもうける
27 あの会社はつぶれないですか? 〈安全性〉……136
~下半身が強ければ倒れない。安全な会社は自分のお金で資産を買う

〈参考〉その他の財務諸表はさらりと流す

第1章

会社の数字、4つのポイントを押さえれば十分

会社経営のキモはヒト・モノ・カネである。
会社の数字もヒト・モノ・カネの観点から押さえていく。

1 数字を知ることがなぜ大切なのですか？

■新聞で、会議で、取引先の調査で…数字は登場する

私たちビジネスパーソンは、会社の数字と無縁ではいられません。新聞をめくれば、「A社経常利益20％増」「B社純利益最高100億円」「C社最終赤字5億円」などといった小見出しが目に入ってきます。

経営会議では、「売上高は、昨年比110％でしたが、アラリは103％、ケイツネは98％で……」などと耳にすることもあるでしょう。上司から渡された取引先の調査報告書（帝国データバンクなど）を見ると、「資本金400千

■ビジネスパーソンは会社の数字から逃れることができません

A社は営業利益　××億円
B社は純利益　××億円
利益がいろいろ出てくるぞ！
売上は前年比で110%だったが
アラリは103%で…ケイツネは98%
アラリ…？
ケイツネ…？
新聞で
経営会議で

会社の数字はビジネスパーソンにとって共通言語です。

円」「営業利益500百万円」「自己資本比率35％」「申告所得2500百万円」などと書かれています。株式投資をする方なら、『会社四季報』で、「ROE15％（150ページ参照）」「ROA8％（133ページ参照）」「減価償却費900百万円」「キャッシュフロー（CF）100億円」など、実にたくさんの数字を目にします。

■勘違いや思い込みを防ぐには数字で考える

「あの会社は信用がある」というとき、みなさんなら、何を根拠にそうお考えになりますか？「広告や宣伝でよく見る」「創業100年で、歴史が古い」「最近上場した」…。答えは人それぞれですが、私たちは、なんとなくイメージで、「あそこは大丈夫」と考えています。

しかし、それは常に正しいとは限りません。誰もが知っている会社でも経営破綻したり、経営危機に陥っています。1990年代には、当時「絶対に潰れない」と言われた都市銀行や証券会社が、相次いで経営破綻しました。その状況はいまも変わることはなく、「マサカ、あの会社が…」という記事が新聞紙上をにぎわしています。なんとなくのイメージで判断するのは、ときに危険なのです。勘違いや思い込みを防ぐには、数字で考えることが一番です。

■勘違いや思い込みする習性からは逃げられない

「会社をみるときは、数字で考えましょう」と言われたとき、私たちは、ついつい〝規模で〟判断してしまいます。〝売上○兆円の会社〟〝従業員が○万人〟といえば、「大きな会社だから安心だ」と思う方がほとんどです。

　仕事柄、中小企業とお付き合いがあるのですが、中小企業というと「つぶれやすい、あぶない」と思われる方が多いようです。しかし、これも勘違いや思い込みです。中小企業にも素晴らしい会社はとても多いのです。

■数字は大きさだけではわからない部分がある

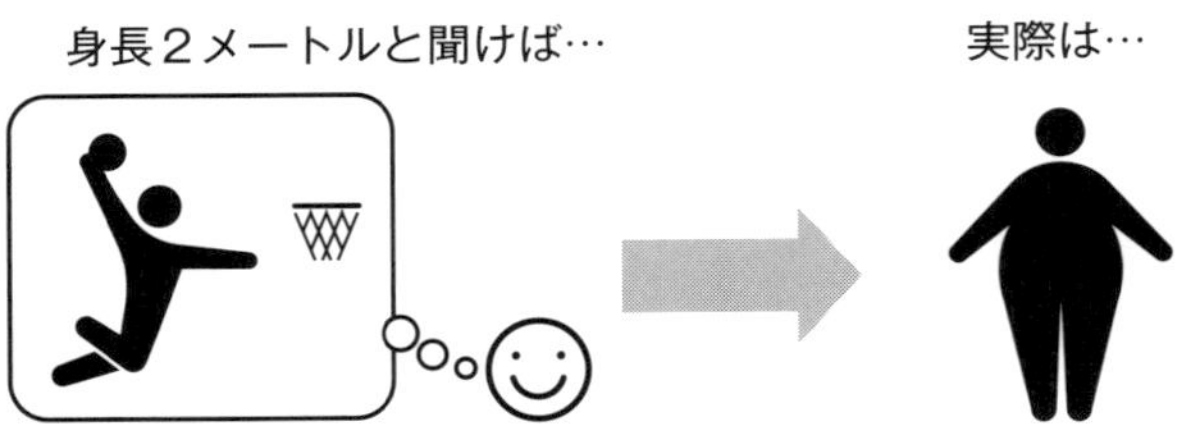
身長２メートルと聞けば…
実際は…

会社も人も規模（大きさ）だけで判断するのは危険です。

■会社は規模じゃない！「金額」ではなく「率」で考える

著者は上場会社の決算書を見る仕事もしていましたが、つくづく、会社は規模（売上の大きさや従業員の人数）ではない、と感じています。

大きさ（金額）だけを見ると、判断を誤ることがあります。例えば、〝身長２ｍ〟と聞けば、どのような人を思い浮かべますか？　バスケット選手のようなスラッとした体型を思い浮かべるかもしれません。

でも、体重１５０kgならどうですか？　80kgならどうですか？　２ｍという数字だけでは、体型を正しく判断することはできませんね。

人間の体型（肥満度）は、ＢＭＩ（$\frac{体重}{身長^2}$）という指標（割合）で測りますが、会社を判断するときも同じです。

「規模（金額）ではなく、率を見る」

会社の数字を見るときに心がけたいポイントです。

「会社の数字」を見る4つのポイント

2

■ **ポイント1　もうかっていますか〈収益性〉**

本書のテーマである〝会社の数字がわかる〟とは、「良い会社か、悪い会社か、判断できる」ということです。

その最初のポイントは、「会社は、もうかっていますか？」です。「もうかっているかどうか、どこを見ればいいか、よくわかりません」という声を、ときどきお聞きします。

「売上が大きければ、もうかっている。」と考える方がいますが、実は、そうではありません（詳しくは132ページ）。

■具体的に何を指していますか？①

もうけの指標は売上ではありません。

■ **ポイント2　つぶれませんか〈安全性〉**

次のポイントは「会社は、つぶれませんか？」です。

〝会社はつぶれるようにできている〟と言われます。会社がつぶれたら、債権者（その会社に商品やサービスを提供している会社や銀行）は、お金が回収できません。株式投資している方は、これまで投資したお金が、すべてムダになります。

だから、取引先がつぶれないかを見抜くことは、とても大切なのです。繰り返しますが、「大きな会社ならつぶれない」という思い込みは危険なのです（詳しくは136ページ）。

■ **ポイント3　借金を返せる力はありますか？〈金融力〉**

世の中のほとんどの会社は、銀行から借金をしています。工場を建てるためや設備を買うために借金をする会社もあれば、来月の支払いのために借金をする会社もあります。会社は常に、借入金の返済に迫られているのです。

■具体的に何を指していますか？②

あそこ、あぶないらしいよ
ヒトは少ないし
建物は古いしな～
安全性
金融力

見た目で危険度はわかりません。

借金を返せる力＝お金を稼ぐ力です。決算書で、この力を判断できるようになれば、投資で失敗する可能性も減らすことができます。（詳しくは140ページ）

■ポイント4　従業員はしっかり稼いでいますか〈生産性〉

最近は、ヒト（労働力）が不足するなかで、「生産性を上げろ」とよく耳にするようになりました。

この生産性とは、「**従業員が効率よく働いて、少ない人数でたくさんの利益を稼ぐこと**」を意味しています。これから、ますます大切になってくる指標ですね。

従業員の立場からすれば、「わが社は、生産性が悪いのか？」すら、よくわからないところです。感覚で「俺たちは効率よくやっているよ！」と感じても、本当にそうかは、数字をみないとわかりません。（詳しくは144ページ）

繰り返しますが、大切なのは、「金額」ではなく「率」で考えることです。

■具体的に何を指していますか？③

生産性を上げるには個人に頼らないことです。

■経営の3要素から見る4つのポイント

3要素	モノ	カネ		ヒト
言い換えて	**収益性**	**安全性**	**金融力**	**生産性**
くわしく 言うと…	限られた 資源を 効率よく使い、 もうける力	不況時でも 倒れずに 自力で 生き残る力	使えるお金を 生み出して 借入金を 返済できる力	必要なときに 必要な人員で 効率よく 運営する力
よくある 勘違い ⬇ 実際は…	「売上が 多ければ もうかる でしょ！」 ⬇ **売上と もうけは 別物です**	「規模が 大きければ つぶれない！」 ⬇ **有名企業でも つぶれます**	「黒字に すれば 使えるお金は 増えるはず！」 ⬇ **「黒字倒産」の 言葉のとおり、 黒字でも 倒産します**	「ヒトを 鍛えれば 生産性は あがる！」 ⬇ **これからは IT、システム、 ロボットたち が活躍します**
大切な こと	ムダなものを 持たない	必要ない 借入をしない	手元現金を 何より 重視する	将来を見て 投資する
関連ページ	132 ページ	136 ページ	140 ページ	144 ページ

会社の数字もヒト・モノ・カネに分解できます。

3

「決算書を読むコツ」を身につける

■良い会社か悪い会社か……その答えは決算書に

先ほどの４つのポイントをはじめ、良い会社か、悪い会社かを判断するには、会社の決算書を見なくてはなりません。決算書には、たくさんの数字が並んでいますが、ココに、会社を判断するためのヒントが隠されているのです。

ただし、その数字を、ただ単にボ～っと眺めていても、けっして答えが浮かびあがってくることはありません。**決算書を読むコツを身につける必要**があるのです。

書店にいけば、決算書の読み方に関する本がたくさん並

■決算書を「会社の健康診断表」に変化させる

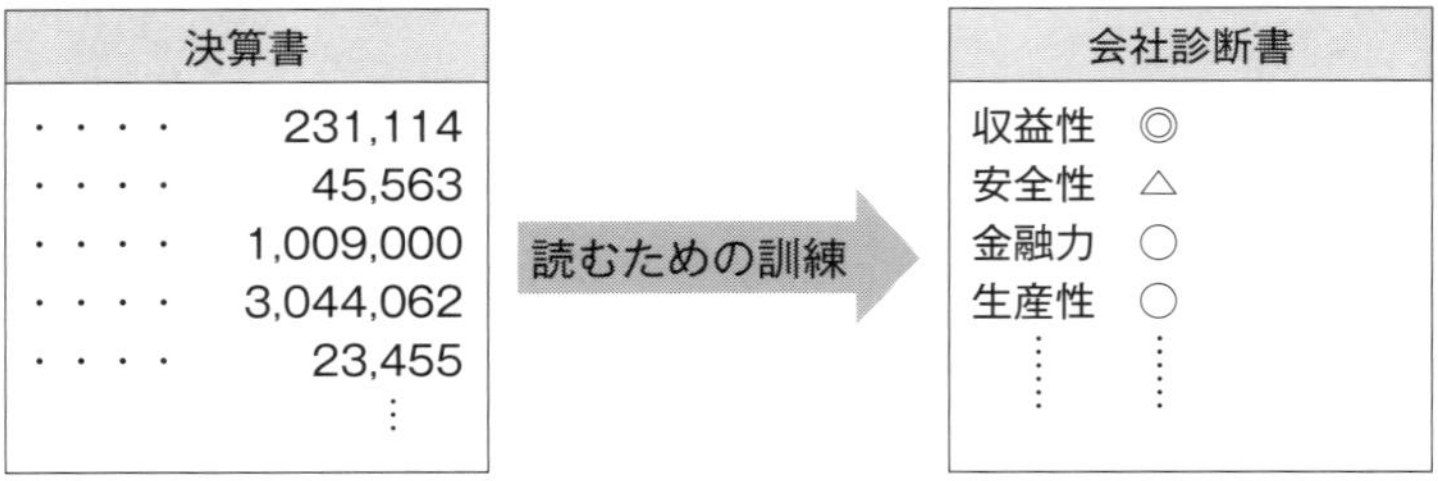

会社診断に使うのは決算書の一部の数字だけです。

んでいます。決算書の用語の意味を丁寧に説明している本もあれば、経営分析の指標をたくさん挙げて、詳しく解説している本もあります。しかし、大切なのは、決算書を使って、会社の良し悪しを判断できるようになることです。

決算書を読むことは目的ではなく、手段なのです。

私は、先に挙げた4つのポイントさえわかれば、会社の良し悪しを判断できると考えています。会社の数字を理解するために、**決算書を100%理解する必要など、まったくありません**。

■決算書はすぐに読めなくて当たり前

なぜ、決算書を苦手にしている方が多いのでしょうか？答えは簡単です。決算書を読むことに慣れていないからです。**決算書を読むためには、読むための訓練が必要**です。

その訓練は、高校でも大学でも、やっていません。

高校の商業科、大学の商学部では、簿記を勉強しますが、簿記で学ぶことは、振替伝票への記録の仕方です。決算書の読み方ではないのです。

決算書は、振替伝票1枚1枚の総合計です。振替伝票を一本の木とすれば、決算書は森です。一本一本の木を見ていても、決して、森を見ることはできません。

■決算書を「作る」と「読む」は違う

もちろん、簿記（3級）はもっていたほうが良いと思います。しかし、簿記をもっていないから決算書がまったく読めない、ということでもないのです。

どんな世界でも業界のことを深く知らない人のほうが、かえって〝素晴らしい発想をする〟ということがあります。この話は決算書の世界でも同じです。著者のような資格者や経理マンは、確かに決算書に関する知識、常識を身につけています。しかし、その常識のせいで「より難しく」考えてしまう面があるのです。

■決算書を作るには簿記が必要です

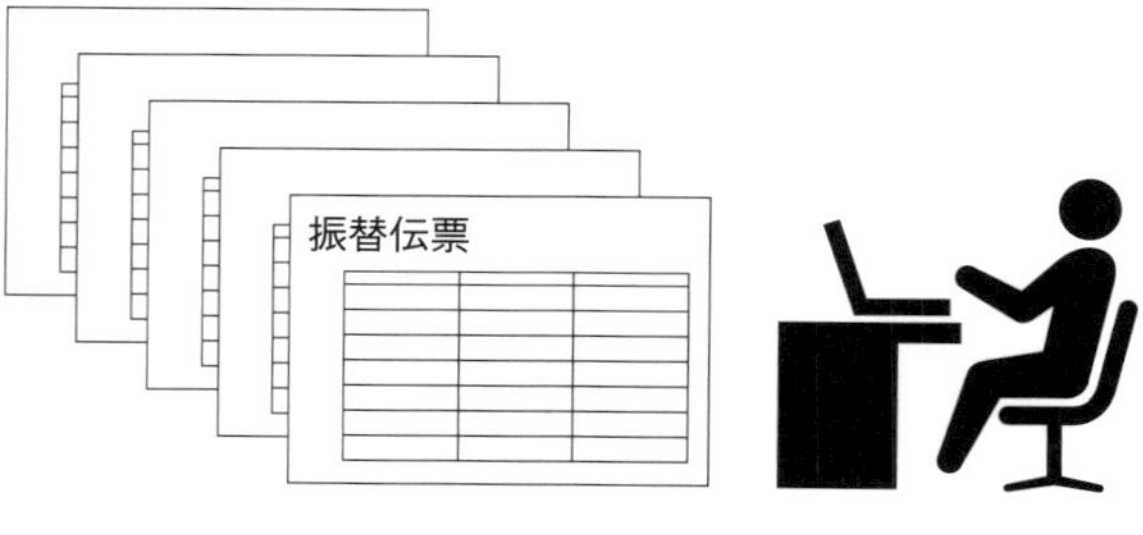

簿記は一つひとつの取引を伝票に記録する方法です。

難しく考えると、決算書が読めなくなってしまいます。

■経営者といえども決算書は苦手です

経営者なら、何割の方が決算書を読めると思いますか？

「そりゃもう、経営者なら、ほぼ全員が読めるでしょう！」。

こう思われるかもしれません。しかし、断言します。

「決算書を読める経営者は、２割もいません」。

先ほどの４つのポイントで決算書のどこを使って判断するか？　経営者でも、答えがすぐに出てくる方は少ないと思います。

多くの経営者は「売上を増やせばもうかる」「資産（会社の財産）は多いほうがよい」と考えています。

〝キャッシュフロー〟と口にはしているものの、それが何を指しているか、理解されている方は少ないと思います。

経営者といえども、決算書を読むことは実は苦手なのです。

■決算書を読むことは、作ることと別です

決算書を作れなくても読むことはできます。

4 素早く読むコツは欲張らないことです！

■決算書で大切なのは、たった2つ

決算書を読むとき、一番大切なことは、欲張らないことです。１００点満点である必要はありません、60点で十分です。決算書で大切なのは、次の2つです。

・損益計算書（P／L　そんえきけいさんしょ）
・貸借対照表（B／S　たいしゃくたいしょうひょう）

決算書には、これ以外にも、たくさん種類があります。本書でも、第6章で一部を説明しています。でも、優先順位は、低いのです。**決算書の中心は、あくまで、この2つ**

■決算書は、この2つだけ理解してください

貸借対照表

流動資産	流動負債
	固定負債
固定資産	純資産（自己資本）

損益計算書

売上高
売上総利益
営業利益
経常利益
税引前当期純利益
当期純利益

貸借対照表＝財政状態、損益計算書＝経営成績を示します。

です。

なお、中国では、損益計算書を〝利益計算書〟、貸借対照表を〝資産残高表〟と呼んでいます。こちらのほうがわかりやすいですね。

■単語の意味を覚えることは、後まわしに

決算書を見ていてストレスを感じるのは、似たような言葉、わかりにくい言葉、難しい言葉がたくさん出てくることです。貸借対照表の左上を見ただけで、すぐに、ため息が出ます。

売掛金、受取手形、棚卸資産……聞きなれない言葉です。前渡金、仮払金、立替金、未収金……何がどう違うのでしょう？　損益計算書を見ても、××利益が、いくつも登場します。○○費、△△損、××益…漢字のオンパレードです。

2つの決算書、合わせて、100個ほどの単語が出て

■決算書は、個人で考えるとわかりやすい

	個人	会社		
財産借金一覧表	預金通帳	貸借対照表 B/S ～Balance Sheet～	決算日において、会社が持っている財産や借金をリスト化したもの	○月○日時点 **瞬間的**
通信簿	給与明細書	損益計算書　P/L ～Profit and Loss statements～	決算日ごとにつくる会社の1年間の通信簿	○月○日 ～○月○日 **一定期間**

貸借対照表と損益計算書では表している"時点"が違います。

くると思います。頭がクラクラしてしまいますが、とりあえず、単語の意味を覚えることは、後回しでOKです。

■1円単位まで読まないでください

決算書は、円単位、千円単位、百万円単位と、会社によって単位はさまざまです。一万円や一億円単位で区切ったほうが見やすいと思いますが、3ケタで区切るのが決算書のルールです。慣れていただくしかありません。

決算書のなかにはやたらとケタ数が多いものがありますが、数字が多いと混乱するだけです。

経営会議に出ると、7～8ケタの数字は当たり前です。でも、見るだけで疲れてしまい、議論に集中できません。

数字は基本的に〝上から3ケタ〟で十分です。ケタが多ければ、下3ケタあるいは6ケタを削ってください。

数字を1円まで読み書きする必要など、まったくありません。1円単位まで数えるのは、経理の仕事です。

■決算書では「捨てる」ことが大切。100点満点を捨てましょう

〈貸借対照表〉

科　目	金　額	科　目	金　額
流動資産		**流動負債**	
現金及び預金	32 145	買掛金	552 553
受取手形	947 584	支払手形	302 202
売掛金	1,000 584	短期借入金	1,100 000
商品	344 591	未払費用	55 003
前渡金	54 330	未払金	42 333
前払費用	12 330	預り金	21 008
立替金	53 439	仮受金	4 558

〈損益計算書〉

科　目	金　額
販売促進費	36 283,208
広告宣伝費	12 221009
運送費	107 344,402
保険料	4 136,005
修繕費	9 978,000
減価償却費	50 881,453
通信費	4 749,440
消耗品費	4 994,251
交際費	3 657,091
旅費交通費	899,229
支払手数料	12 200,090
会議費	172,842
図書費	167,842

①単語の意味を
一つひとつ覚えることから
始めると…挫折します

②1円単位まで、
読む必要はありません！
1円まで読むのは、
経理の仕事です

決算書は"木（細部）"を見ず、"森（全体）"を見ましょう。

5

2つの決算書で会社の数字を丸裸に

■損益計算書で「会社の業績」が丸見え！

損益計算書は、〝会社の通信簿〟です。

損益計算書には、例えば次のような情報が載っています。

・年間の売上（年商）はいくらあったか？

・仕入代金はいくらかかったのか？

・全従業員に給料をいくら支払ったのか？

結果として、会社が1年間でいくらもうけたかを表すようになっています。

損益計算書に出てくる項目については、その意味について、何となくイメージがわきやすいですね。

ところで、よく「利益！　利益！」といいますが、利益は一つではありません。いったい、それは何利益のことでしょうか？（詳しくは、第2章をごらんください）

■貸借対照表で「会社の財産と借金」が丸見え！

さて、問題は貸借対照表（B／S）ですね。貸借対照表は左と右にわかれています。左には会社の財産（「資産」といいます）が、右にはその財産を買うためにお金をどうやって調達したか（「資本」といいます）、が載っています。**財産を買うには、同じ金額のお金が必要ですね。その意味で、左と右は必ず一致します（対照）。**

決算書の世界では、左は「借方」、右は「貸方」と呼びます。この名前は忘れてしまってかまいませんが、〝借〟方と〝貸〟方が、一致（対照＝バランス）するので、「貸借対照表（バランスシート）」と呼ばれるのです。

■決算書で見えてくるもの

2種類のレンズがあれば会社の状況はよく見えます。

さて、貸借対照表を見ると会社の財産とともに、会社が、銀行からいくら借り入れているか、よくわかります。

みなさん、損益計算書を重視しますが、**本当に大切なのは、実は貸借対照表です**。詳しくは第4章をご覧ください。

■むずかしい貸借対照表は面積図にする

決算書を読むポイントは、最初に全体を見ることです。

「全体を見ろと言われても、どこを見ても数字ばかり。いったい、どうすればいいのですか?」と、こう言われそうです。

全体を見るには数字ではなく、図表にすることです。数字を3ケタで考えれば、確かにスッキリします。

しかし、やはり数字です。まだ、わかりづらいのです。

そこで、決算書の中でも、特にわかりづらい貸借対照表(B/S)を、左記のように面積図にしてあげるのです。こうすると、本当に目から鱗。よくわかります。

■貸借対照表を面積図にすると、何があるかが「見える化」できる

■簡単な貸借対照表の例

資産の部	金額	負債の部	金額
現預金	1,000,000	買掛金	2,000,000
売掛金	2,000,000	その他	1,000,000
商品	1,000,000	長期借入金	5,000,000
土地	5,000,000	資本金	1,000,000
投資	1,000,000	利益剰余金	1,000,000
資産の部	10,000,000	負債・純資産の部	10,000,000

面積図にすると…

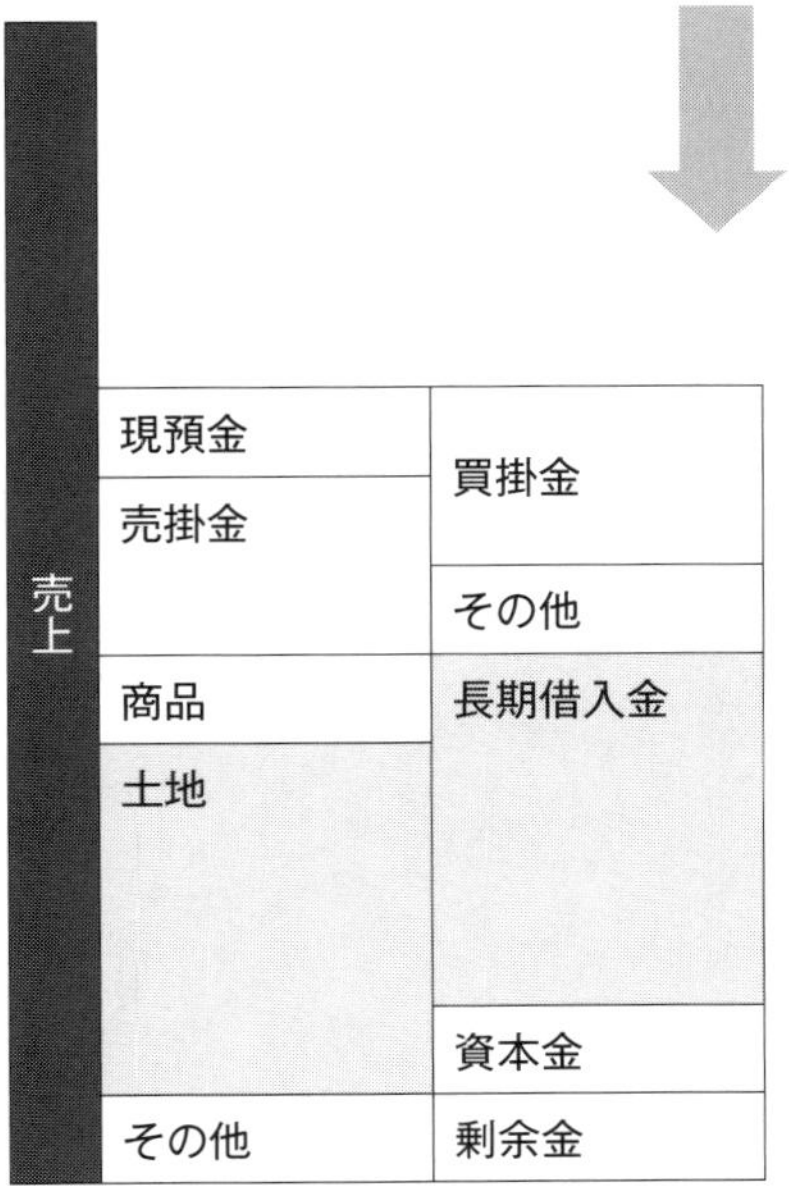
売上
現預金
売掛金
商品
土地
その他
買掛金
その他
長期借入金
資本金
剰余金

数字の羅列を見ると
うわ～…と思ったけど
こうやって、図にすると
よくわかるなー！
土地と長期借入金が
大きいけれど
これは問題ないのかな？

図にすると「多い・少ない」がよくわかります。

COLUMN 1

ヒトも会社も外見はすぐ変えられます

ヒトと同じく会社も見た目の印象で9割が決まります。会社の見た目はもちろん決算書のことですね。つまり、決算書(外見)を磨けば、会社の評価は上がるのです。

決算書は、会社の健康診断書です。皆さんのなかには、健康診断の数値を少しでもよくしようと、診断直前に努力する方もいるでしょう。実は、会社も同じです。

会社も健康診断日(つまり決算日)の直前にできることがあります。努力して、決算日を迎えて、診断を受ければ(決算書を作れば)、会社の評価が上がるのです。

同一人物でも、ヒゲをそり、ボサボサな髪形を整え、良い服を着るだけで、印象は180度違います。わずかな努力でも、評価を大きく上げることができるのです。

決算書を磨くとは、内面を変えずに、外見を変えることです。外見を変えれば、周囲の接し方も変わってきます。会社をスリムに活発に見せる努力をしてください。

会社をスリムに見せる工夫

・決算日直前の仕入は抑えて在庫を減らす (食べ過ぎ注意)
・必要以上の借入金を返済する(現預金も減らす) 139ページ

会社を活発に見せる工夫

・決算書上で、営業利益、経常利益を増やす 61ページ

外見(決算書)を工夫すれば、会社の評価は確実に上がります。

第 2 章

損益計算書で会社の業績をのぞいてみよう

需要縮小（消費量の縮小）、供給増加（ライバル増加）の世界で、重視すべきは、売上高よりも利益である。

6 損益計算書は会社の通信簿です

■利益は1年単位で測ります

損益計算書（P／L）は、会社の通信簿です。

どんな業種であろうと、会社は必ず損益計算書を作ります。学校の通信簿は5段階ですが、経営は〝利益〟で評価します。利益とは〝もうけ〟です。市場で野菜を10円で買い、近所に20円で売れば、利益は＋10円の黒字です。反対に、近所に5円でしか売れなければ、差引▲5円の赤字です。

利益が大きいほど〝よくできました〟と評価されます。

■利益の基本計算式

「お金は、使った以上に稼ぐこと」
当たり前ですが、これが経営の基本原則です。

■売上よりも利益を大切にする

「売上は大きいほうがいい」「売上が増えれば、利益も増える」……。

本当に、そうでしょうか？

売上を増やすためには、(1)安売りする、(2)新規出店する、(3)広告宣伝を増やす、(4)在庫を積み増す……等、対策はさまざまです。

この結果、確かに売上は増えるかもしれません。

でも、売価を下げるため、１品あたりの利益は減ります。一方、人件費や家賃が増えます、在庫が積みあがるかもしれません。利益が増えるとは限らないのです。

収入が増えても、それ以上に使ったら、お金は残りません。いくら売上が増えたとしても、利益が残らなければ、会社は、生き残っていけないのです。

■損益は「いつ」「どこで」発生したかで5分類

損益計算書には、売上のほかに、5つのグループが登場して、利益を計算することになっています。

左ページに詳しく解説していますが、次の5つのポイントを覚えておいてください。

①**売上原価**…売れた商品や製品にかかった原価

②**販売費及び一般管理費（販管費）**…販売をするために必要な費用や、会社を管理するため必要な費用

③**営業外損益**…営業活動以外で発生した収益や費用

④**特別損益**…臨時に受け取る利益や、発生する損失

⑤**法人税等**…税務署に納める税金

「収益」「利益」、あるいは「原価」「費用」「損失」など、表現の違いは気にせず、利益にプラスかマイナスかだけ、ご理解ください。

■損益計算書の5つのグループを押さえよう①

項目		説明
(－)	売上原価(①)	売上を生む商品・製品・サービスの原価
(－)	販売費及び一般管理費(②)	売上を生むための活動や事務部門にかかる費用
(±)	営業外損益(③)	①②以外で、毎年発生する収益や費用
(±)	特別損益(④)	毎期発生しないような多額の収益や損失
(－)	法人税等(⑤)	最終的な利益に対して計算される税金

売上から①～⑤を足し引きして、利益を計算します。

■損益計算書に登場する5つのグループを押さえよう②

グループ		代表例
①売上原価		**(小売業・卸売業)** 一般消費者や小売店に販売した商品の仕入代 **(製造業、建設業、外食産業)** 製造(建設)にかかった原材料代、人件費、 工場の減価償却費、外注費 **(サービス業)** サービスを提供した現場の人件費 **(不動産業)** 販売した不動産の取得費用、減価償却費
②販売費及び一般管理費(販管費)		・広告宣伝や販売促進など販売に必要な費用 ・得意先の接待などで使う交際費、会議費 ・役員、営業や管理部の人件費 ・本社や事務所などの賃借料、減価償却費
③営業外損益	営業外収益	・出資先、投資先からの配当金
	営業外費用	・銀行に対して支払う利息
④特別損益	特別利益	・固定資産を売却したときの利益
	特別損失	・固定資産を売却したときの損失 ・災害による損失など
⑤法人税等		税務署に納める税金

収益、利益…利益にプラス　　原価、費用、損失…利益にマイナス

どんな業種であれ、5つのグループは必ず登場します。

7 損益計算書の利益は一つではありません

■会社が付き合う相手は取引先だけではない

ところで、会社は、5人の方とお付き合いをしています。取引先、銀行、格付会社、税務署、投資家、この5人です。
5人はそれぞれ、次のようなことを考えています。

取引先「ウチとの取引価格は高いのかな、安いのかな?」
銀　行「借金は返せるくらい、本業で稼いでいるのかな?」
格付会社「会社の安定的な実力（稼ぎ）は、どの程度?」
税務署「脱税していないだろうか?」
投資家「配当を支払えるくらい、もうかったかな?」

■会社を取り巻く関係者と関心事

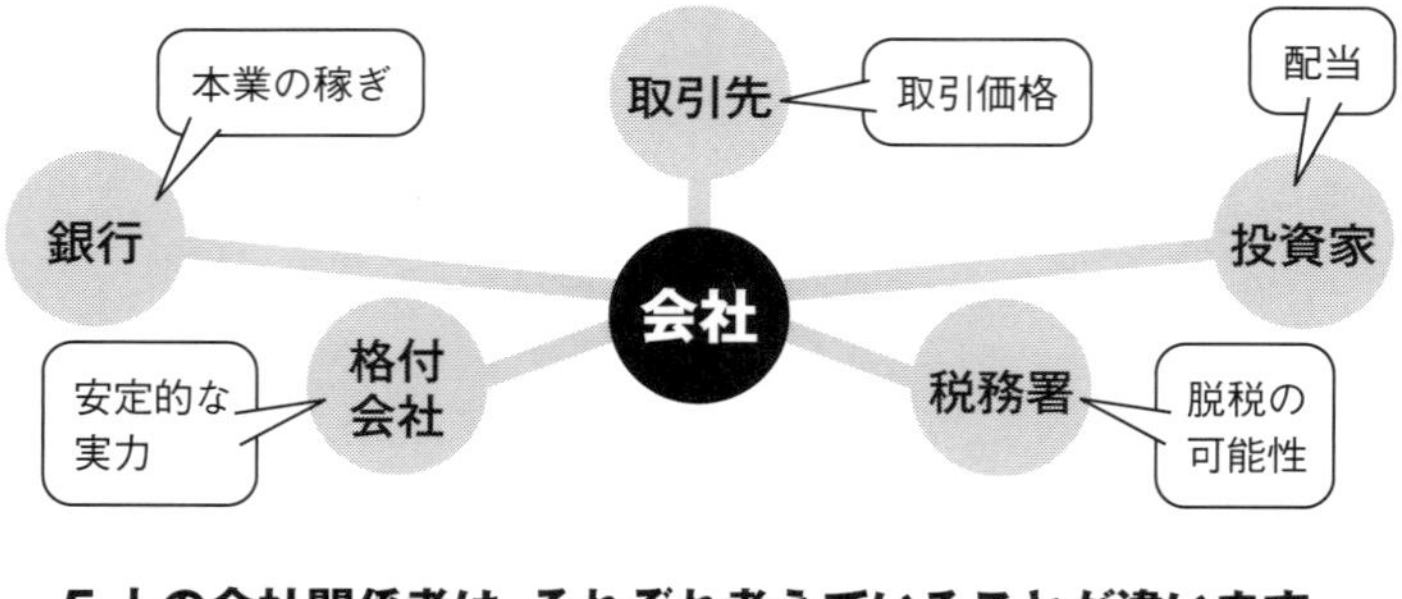

5人の会社関係者は、それぞれ考えていることが違います。

会社は、いろいろな視点で見られているのです。

■銀行、税務署、投資家……気にする利益はそれぞれ

5人の関心事に合わせて、損益計算書には5つの利益が登場します。

売上から売上原価を引くと、「取引価格が高いか？　安いか？」を表します（**売上総利益＝粗利益**①、**アラリ**）。そこから、販管費を引くと、「本業でいくらもうかったのか？」を表します（**営業利益**②）。つぎに、営業外損益を足し引きして、「毎年安定的に利益をいくら稼げるか？」を見ます（**経常利益**③、**ケイツネ**）。さらに、特別損益を足し引きすれば、**税引前当期純利益**④です。この利益をもとにして、税金がかかります（82ページ）。最後に、法人税を引いて、当期純利益（**税引後当期純利益**⑤）を計算します。株主への配当は、この純利益から行います。

銀行は営業利益、税務署は税引前当期純利益、投資家は税引

後当期純利益、それぞれ気にする利益は違うわけです。

■商品力、管理力、財務力……利益は会社の力を表す

売上総利益（粗利益①）は、言い換えると、商品力（サービス力）です。高くても売れるのなら品質、サービスが素晴らしいからです。同じ品質なら付加価値を付けて利幅をとるのも商品力です。

営業や管理部の人件費が高い、交際費が多いなど、経費の管理ができていなければ、営業利益②は少なくなります。財務力が低いと、銀行に支払う利息が膨らんでしまい、経常利益③がなかなか残りません。

税引前当期純利益④を増やさずに、営業利益や経常利益を増やすのか経理力です。（60・61ページ参照）。

最後に、当期純利益（税引後当期純利益）⑤は、これらのすべてが現れる総合力です。一口に利益といっても、何利益かを考えることが大切なのです。

■損益計算書の"利益"を別の角度から見てみよう

科目	金額		
【売上高】		1,000	
期首棚卸高	50		
商品仕入	650		
期末棚卸高	100		
【売上原価】		600	
取引先☞　①売上総利益	**取引価格**	400	**商品力**
【販売費及び一般管理費】		300	
銀行☞　②営業利益	**本業稼ぎ**	100	**管理力**
受取利息	1		
雑収入	9		
【営業外収益】		10	
支払利息割引料	20		
雑損失	10		
【営業外費用】		30	
格付会社☞　③経常利益	**安定的実力**	80	**財務力**
固定資産売却益	1		
【特別利益】		1	
固定資産売却損	6		
【特別損失】		6	
税務署☞　④税引前当期純利益	**税金負担力**	75	**経理力**
【法人税等】		20	
投資家☞　⑤当期純利益	**配当原資**	55	**総合力**

立場によって見るべき利益は変わります。

8 利益に関する重要項目①〈原価管理〉

■原価管理がすべての利益をつくる

売上総利益は、すべての利益の総本山です。売上総利益を確保しなければ、他の利益も確保できません。

つまり、売上原価の管理が大切なのです。

売上原価の計算に関係しているのは、次の3つです。

・商品や原材料の仕入代（サービス業はありません）

・現場、工場で発生した費用（製造業の場合のみです）

・在庫（棚卸資産）の金額

これらを使って、売上原価を計算しています。

■売上総利益は、すべての利益の総本山

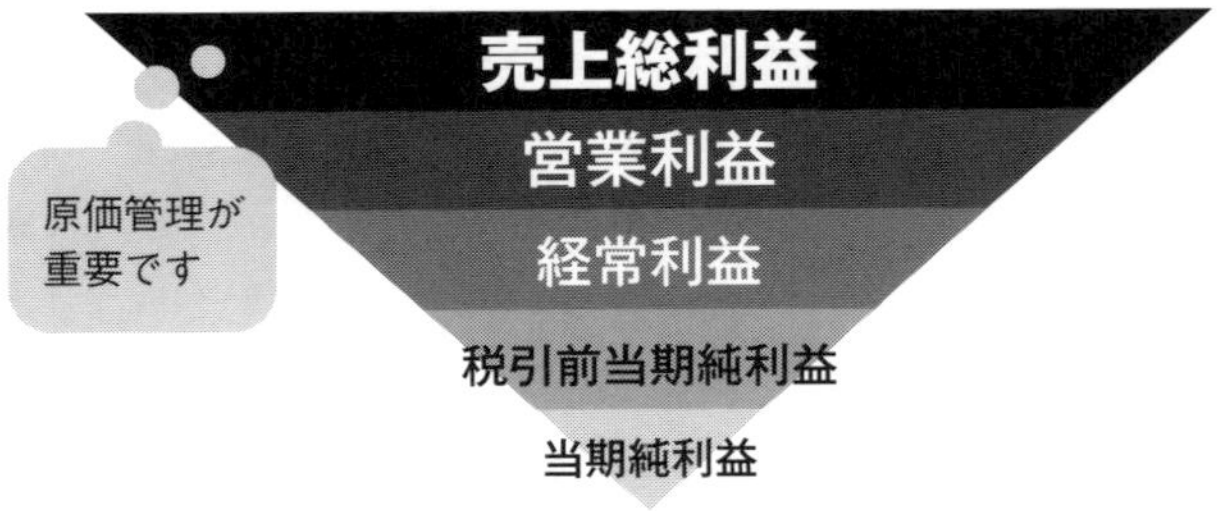

売上総利益を増やすには売上原価を抑えるしかありません。

■現場や工場で発生したあらゆるコストも原価

製造業の売上原価は、仕入だけではありません。

そもそも、製造業では、現場社員が原材料を仕入れ、工場で機械を動かして、製品を製造しています。なかには、一部の作業を外注先に委託している場合もあるでしょう。

損益計算書では、これらの費用を「**当期製品製造原価**」と呼び、その内訳を、別に1枚にまとめることになっています（「製造原価報告書」158ページ）。この内訳は材料費を除けば、販売費及び一般管理費と似ています。

「本社部門の費用は**販売費及び一般管理費明細**（156ページ）で、製造に関する費用は**製造原価報告書**（158ページ）で確認する」と覚えてください。

■原価はいくら？　在庫を使って計算しましょう

損益計算書の売上原価、製造原価報告書の製造原価を見

■人件費や経費は２カ所に登場するので注意が必要(※製造業の場合)

人件費	経費の発生場所	損益計算書に登場する場所
	 本社	販売費及び一般管理費 (156ページ)
	 工場	売上原価(製造原価) (158ページ)

人件費や経費は原価にも販管費にも登場します。

ると、商品や材料等の期首棚卸高に、1年間の仕入高等を足して、期末棚卸高を引いています。これは何をやっているのでしょうか?

冷蔵庫に、ニンジンが1本あります。カレーを作るために、スーパーでニンジンを5本買ってきました。料理を終えると、残ったニンジンは2本でした。

結局、カレーで使ったニンジンは4本（1＋5—2）ですね。**「最初（期首）の在庫＋仕入高－最後（期末）の在庫」**。これで、使った量（原価）を計算しているわけです。

決算日に近くなると、**「棚卸（たなおろし）」といって在庫の在り高を数える作業**があります。この棚卸を通じて、期末の在庫残高を正確に確定させるのです。もし、棚卸が不正確なら、原価が正しく計算されないのです。

在庫を、**本来の残高より多く数えれば売上総利益は増え、少なく数えれば売上総利益は減ってしまう**のです。

この点で、棚卸調査（カウント）はとっても大切なのです。

■在庫の金額が売上総利益にどのように影響するか①

損益計算書

科目	金額	
【売上高】		30,000
【売上原価】		
期首棚卸高	＋1,300	
商品仕入	＋13,000	
当期製品製造原価	＋6,000	
期末棚卸高	−2,300	18,000
売上総利益		**12,000**

売上原価は期首と期末の在庫金額を使って計算します。

■在庫の金額が売上総利益にどのように影響するか②

売上原価の計算を図にすると・・・

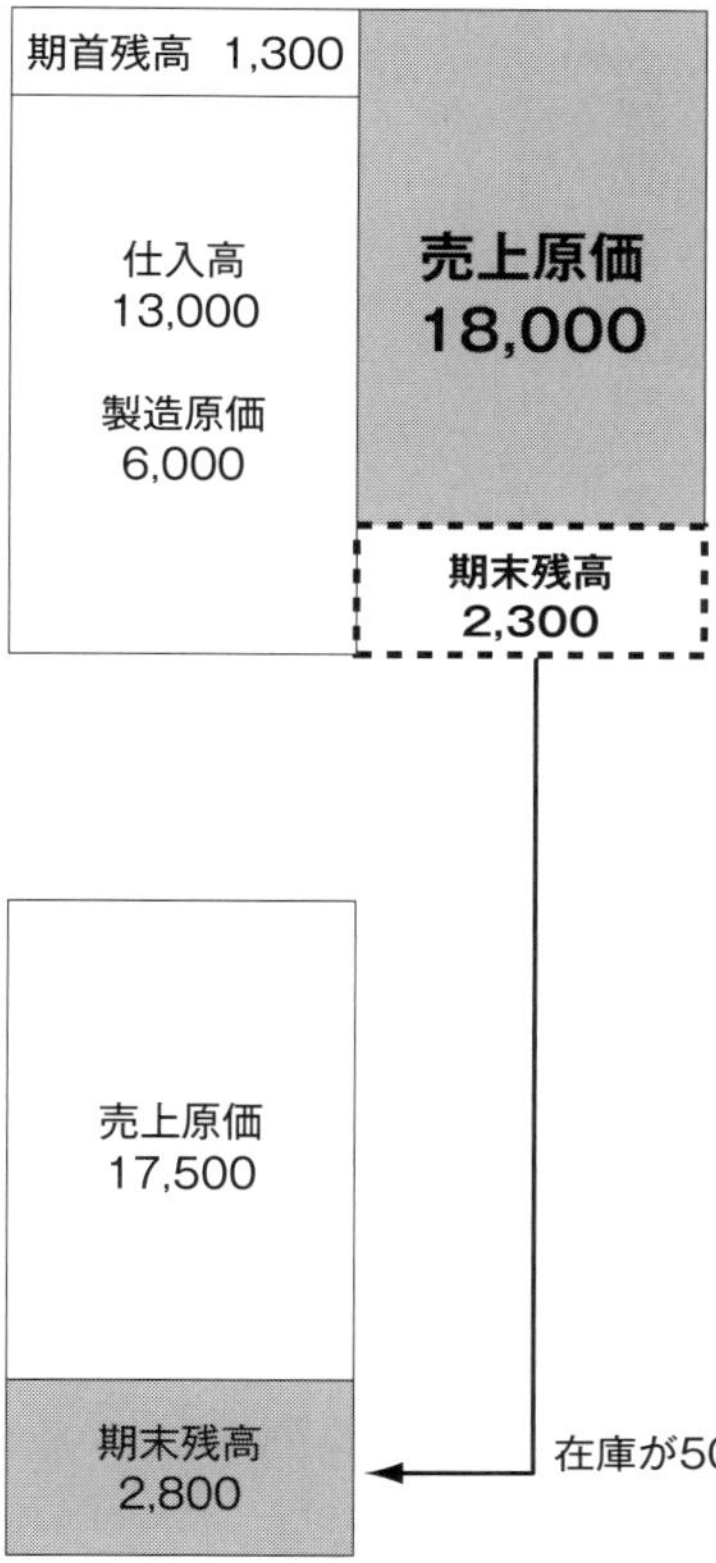

売上原価は、売れたアイテムの
原価のみが計上される。
どんなに在庫を仕入れても
売れなければ「期末残高」が
ふくらむだけである。

この場合は左の「仕入高」と
右の「期末残高」が同じだけ
ふくらむため
結局、売上原価は変わらない

年度末などになると
「棚卸(たなおろし)」を行って
在庫金額を確定させる。

このとき、在庫を正確に数えないと
売上原価も不正確になる。
例えば、本来のあるべき残高より
多く数えてしまった場合は
売上原価がその分、減ってしまう。
よって売上総利益は増えてしまう

在庫は売上原価にも影響するため、正確に管理しよう。

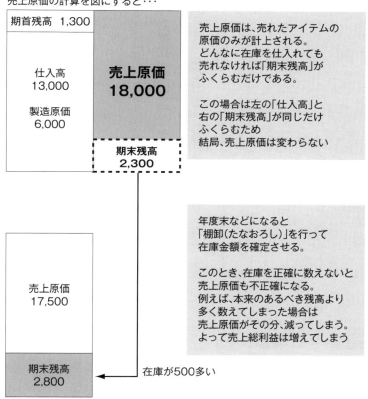

9 利益に関する重要項目②〈減価償却費〉

■設備は買った瞬間には費用にならない

販売費及び一般管理費明細や製造原価報告書の内訳を眺めると、「減価償却費」という金額が多いことに気づきます。これは、「建物や設備の価値が1年間で、これだけ減りました」ということを表した金額です。

例えば、1億円の設備を買って、すぐに使い始めました。さて1年後、この設備はいくらでしょうか？　金額で示せと言われても、わかりませんね。でも、それでは困ります。これを解決するために考えられたのが「減価償却」です。

■建物や設備の価値はいくら？

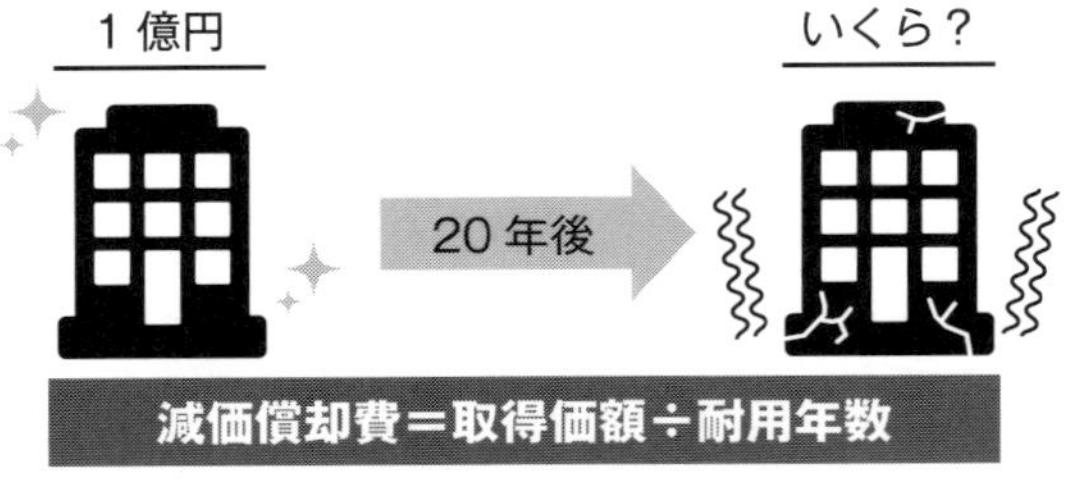

時間の経過に応じて減った価値が減価償却費です。

設備は、長く使えば、やがて価値がなくなりますね。これを専門用語で「償却する」といいます。つまり、「帳簿上で、固定資産の価値を少しずつ減らしていき、償却させる（ゼロにする）こと」を減価償却というのです。

この、**1年間で減った価値を「減価償却費」で表す**のです。**価値が減るといっても、実際に、お金は出ていきません。**あくまで、決算書上で、価値を少しずつ減らすのです。

■減価償却費の計算は難しくない

減価償却費の計算方法は簡単です。建物なら取得金額を、決められた年数（「耐用年数」といいます）で割るだけです。取得してから償却（価値ゼロ）までの、理論上の期間です。

「**減価償却費＝取得価額÷耐用年数**」となります。耐用年数は、鉄筋コンクリートの建物では50年、車両では5年と、あらかじめ決まっています。これは、「利益が出過ぎたから、減価償却を増やして利益を抑えよう」というよう

■減価償却費も2カ所に登場します（※製造業の場合）

発生場所	内容	損益計算書に登場する場所
 本社	本社建物、営業車両など	販売費及び一般管理費（156ページ）
 工場	工場設備、製造機械など	売上原価（製造原価）（158ページ）

どこで使っているかで発生場所は変わります。

に、わざと利益を動かすことを防ぐためです。

繰り返しますが、減価償却費は、販売費及び一般管理費(販管費)だけでなく、製造原価報告書にも出てきます。

・販管費……本社建物や営業車両など

・製造原価報告書……工場建物、生産設備など

それぞれ、計上されています。

■土地だけは減価償却ができない

減価償却費の例外は、〝**土地**〟と〝**少額アイテム**〟です。

「土地は時間が経っても、価値が減らないもの」と考えるため、減価償却は行わないルールになっています。

その一方で、10万円未満の消耗品などについては、使った瞬間、全額がまるまる費用になります(減価償却を行いません)。

減価償却には、2つの例外があるのです。

■減価償却の方法は一つではありません

価値は減っていきますが
その分、お金が出ていくことはありません

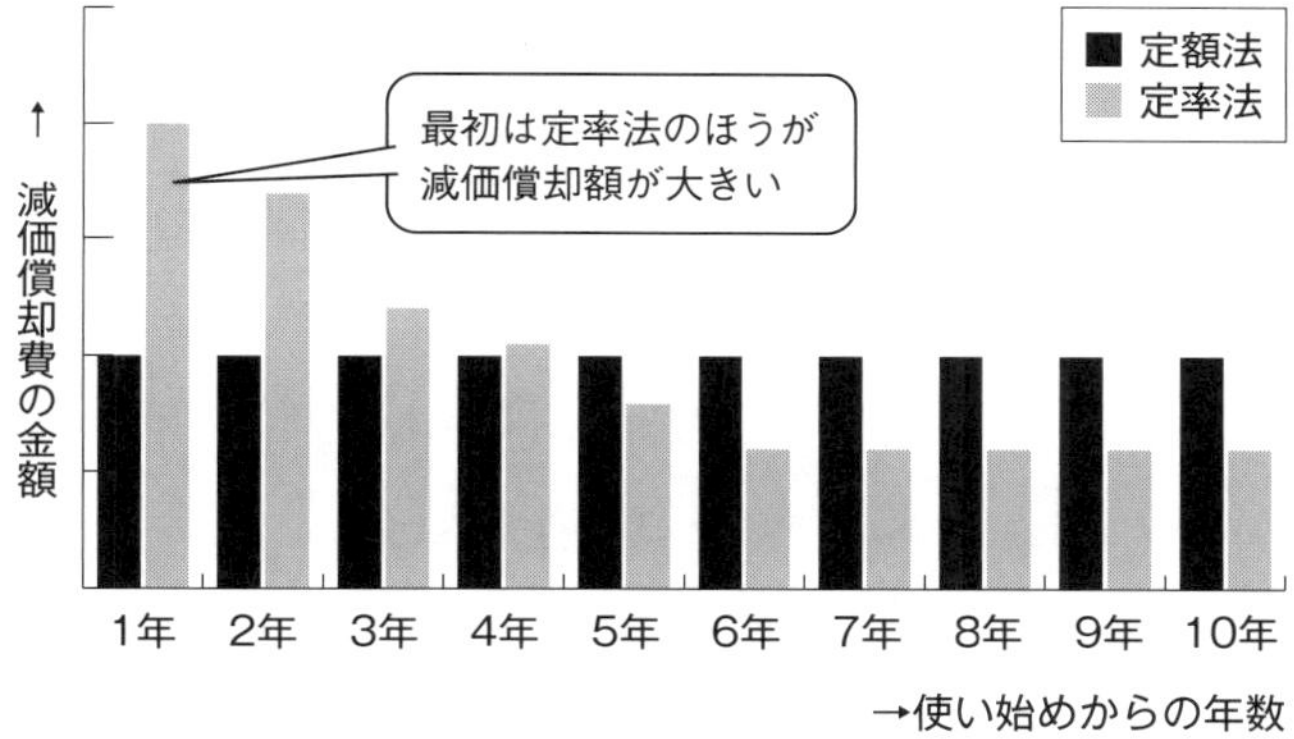

減価償却費の大きさは方法によって異なります

種類	説明	計算方法
定額法	毎年一定**額**を 減らしていく	取得した金額(÷)耐用年数 ※償却額は毎年変わらない
定率法	毎年一定**率**を 減らしていく	償却していない金額(×)一定率 ※償却額は徐々に小さくなる

使い始めは定率法、
使い終わりは定額法が償却額が大きい。

利益に関する重要項目③〈固定費〉10

■売上が変わっても金額が変わらない費用が固定費

「変動費」「固定費」という言葉を耳にすることがあります。損益計算書には、そんな名前、一切でてきませんね。しかし、これらは、利益を増やすうえで、とても大事な言葉なのです。

変動、固定というのは〝売上に対して〟です。売上が増えるにつれて費用も増える、なら〝変動費〟。例えば、材料費、外注費などは、典型的な変動費ですね。いっぽうで、売上の増減に関係なく一定の金額が発生するもの、例えば、

■変動費と固定費を知っておこう

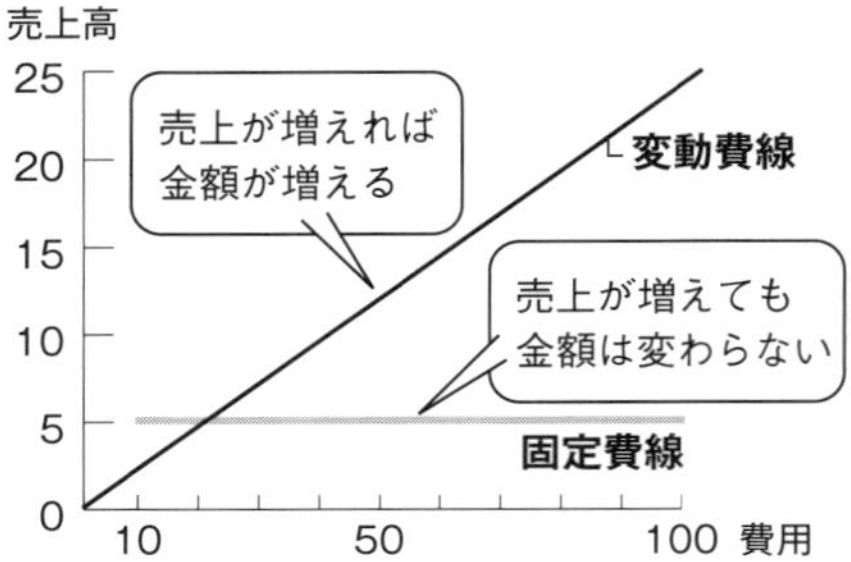

★超簡単な分類
変動費：仕入代、材料費、外注費
固定費：それ以外

（小売業、卸売業、サービス業等）

変動費	固定費
売上原価	販管費

（製造業、建設業等）

変動費	固定費
製造材料費 製造外注費	製造労務費 製造経費 販管費

変動費、固定費の分類は各社の判断で行います。

正社員の人件費や家賃などを、固定費といいます。利益を管理するという点では〝原価・販管費〟ではなく、**〝変動費・固定費〟に分けて考えることも重要**といえます。

■「売上が半分になれば利益も半分」は勘違い

売上と利益をシミュレーションする場合を考えましょう。現在の売上が10、費用が8、利益が2という会社を考えます。8の費用のうち、変動費は4、固定費は4です。

ここで売上を倍にすると、利益はいくらになりますか？　反対に、売上が半分になると、利益はいくら落ちますか？

「売上が倍なら利益は4で、売上が半分なら利益は1になる」と考えませんでしたか？　変動費、固定費に分けて考えないと、間違えてしまいます。実際には、売上が倍なら利益は8、半分なら▲1です。

20（売上が倍）**－8**（変動費も倍）**－4**（固定費）**＝8**

5（売上が半分）**－2**（変動費も半分）**－4**（固定費）**＝▲1**

■利益は、どのように変化するのか？

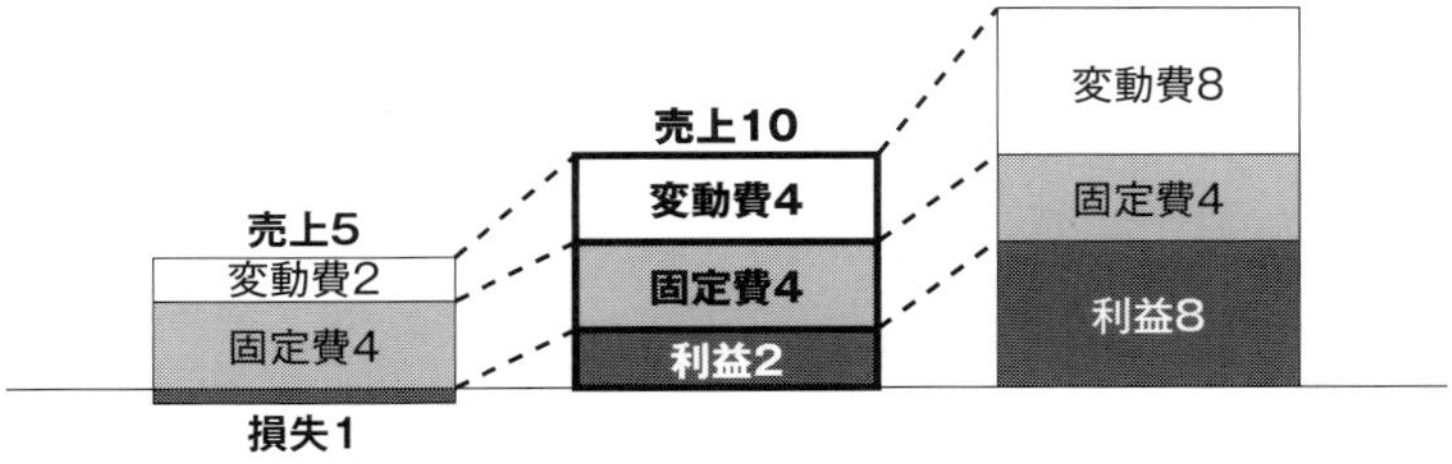

利益管理を行うときは変動費・固定費に分解することも大切。

この考え方を知らないと、新規投資、店舗閉鎖といった重要な場面で、正しい判断ができなくなってしまいます。

■損益分岐点の意味だけは知っておこう

ときどき、新聞で「損益分岐点比率」という言葉を見ます。この比率は、変動費や固定費を使って、計算します。計算方法がむずかしいので、詳しい説明は省略しますが、意味だけ、頭の片隅に入れておいてください。

「損益分岐点」は、営業利益が赤字（損失）か、黒字（利益）か、の分岐点（分かれ道）を指します。

営業利益が黒字なら、この比率は100％を切ります。逆に、営業利益が赤字なら、100％を超えてきます。

これが80％なら、「いまは黒字だけれども、売上があと20％落ちたら赤字になる」ということを意味します。

「営業利益が増えるほど、損益分岐点比率は低くなる」まずは、これだけ理解してください。

■損益分岐点の考え方を図でとらえよう

説明① 損益分岐点とは

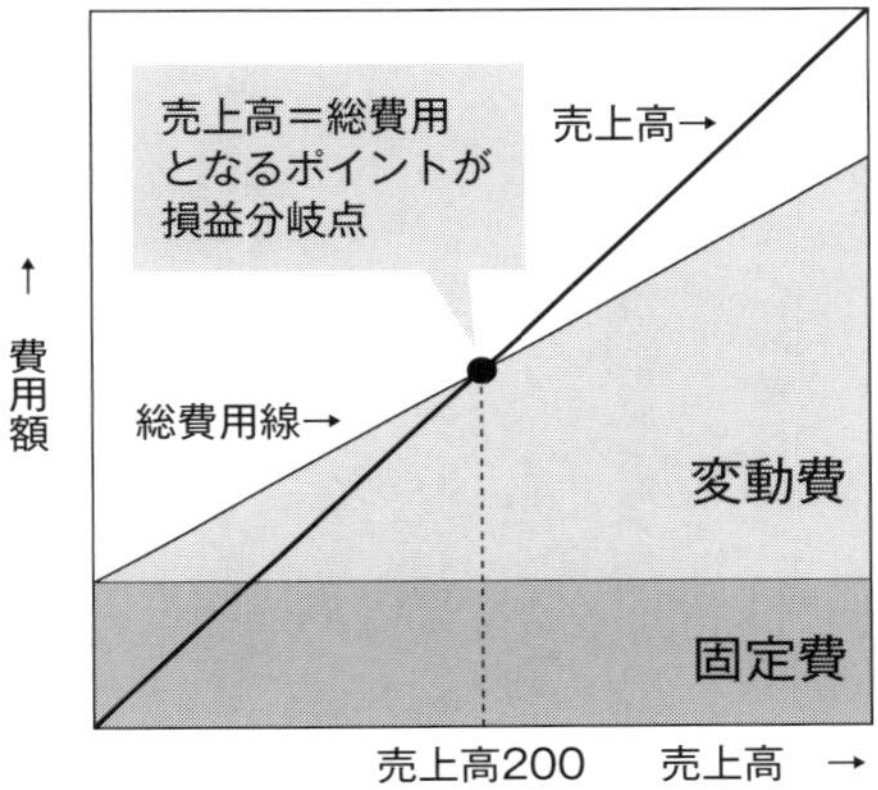

総費用＝変動費＋固定費

固定費は、売上の大小に
関係なく、
一定金額、発生するもの

説明② 損益分岐点比率の求め方

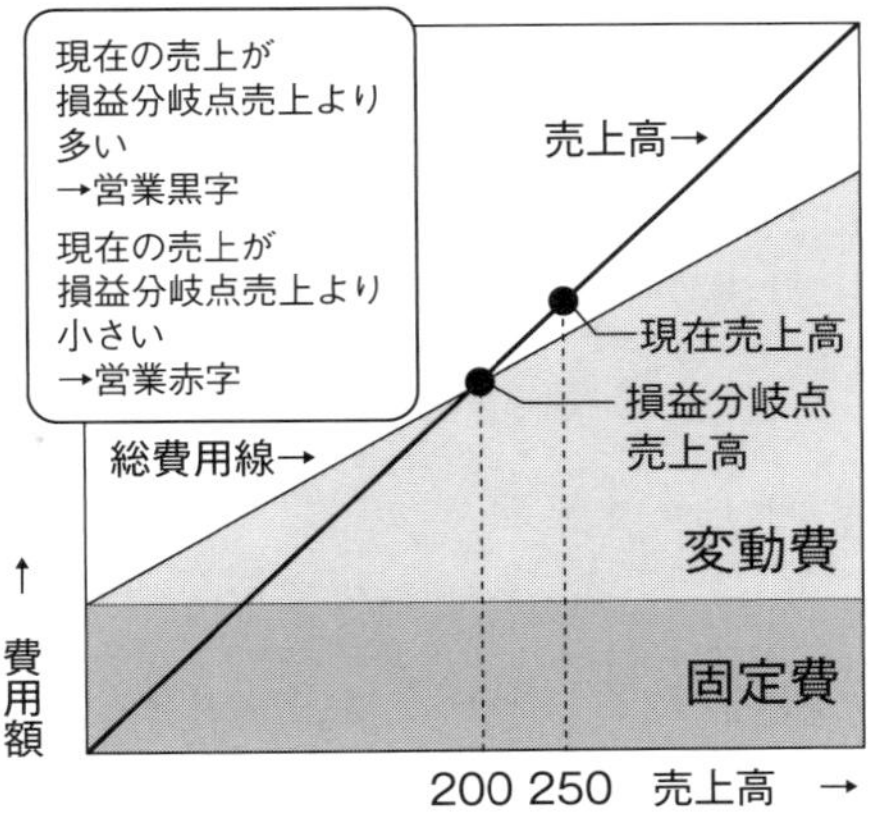

損益分岐点比率

$$= \frac{損益分岐点売上高}{現在売上高} = \frac{200}{250} = 80\%$$

「損益分岐点比率が80%」なら
売上が20%落ちたら赤字です。

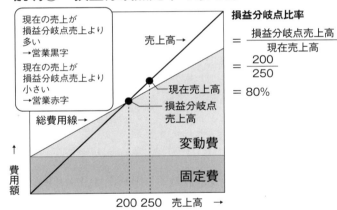

11 利益を増やす方法は一つではありません

■方法1　仕入原価にメスをいれる

これまでのまとめとして、利益を増やす方法を考えてみます。原価管理（46ページ）の一番のポイントは、仕入です。**「利は、元（仕入）にあり」**とは、近江商人の言葉ですが、仕入価格の交渉は十分に行われているでしょうか？

「仕入先とは長きにわたり、安定的に取引をしています。双方の担当者同士もよく知っていて、信頼関係ができています」という会社ほど、注意が必要です。

他社の情報を入手する、あるいは仕入担当者を変えて、

■利益を生みだすために必要な３つのメス

時に厳しくメスを入れなければ利益は増やせません。

改めてゼロから仕入価格の検討を行ってみてください。

「ウチは安いはず」という思い込みは、たいへん危険です。

■方法2　あらゆる契約を見直して、固定費を削る

固定費を減らせば、利益を増やすことができます。たとえば人件費です。商売には、忙しい時と暇な時があります。たくさんの人手が欲しい繁忙期に合わせて、正社員を雇えば、暇な時は必ず人が余ってしまいます。つまり、その分だけ、ムダな固定費（人件費）が発生してしまうのです。

これを防ぐには、正社員を必要最低限の人数にしておいて、あとはパート社員（変動費）にすることです。

人件費以外にも、業務委託の契約を見直して、毎月定額で払っていたものを、その都度、使った分の支払に変更できないか、検討してみるのも有効でしょう。

家賃、広告、業務委託契約など「昨年通り」支払い続けているものについて契約関係にメスを入れるのも一つです。

■固定費を削る（例：人件費）

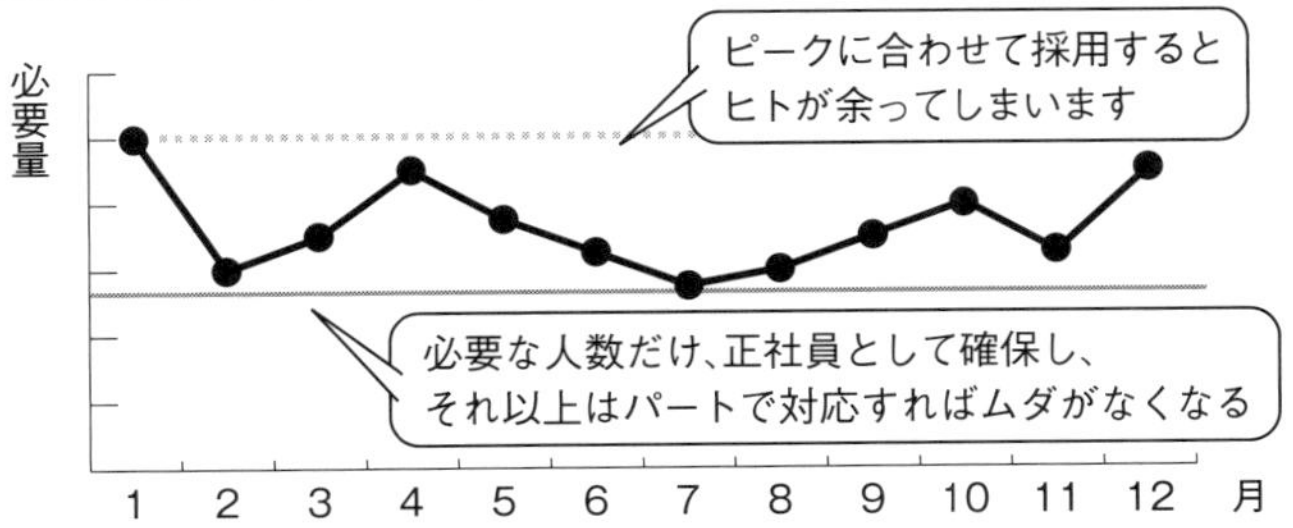

固定費を変動化させる発想が必要です。

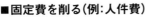

■方法3　銀行も仕入業者のひとつ

多くの会社は、銀行に対して利息を支払っています。経常利益を高めるためには、この支払利息を抑えることです。財務部門は、銀行を、お金の仕入業者と考えて、ムダな仕入（借入）はせず、価格（金利や振込手数料など）交渉も厳しく行ってください。銀行交渉は、仕入交渉と同じです。

重要なのは、**複数の銀行と付き合い、競わせる**ことです。

42ページにあるように、銀行が評価しているのは、営業利益です。だから、銀行から高い評価を得ようと思えば、損益計算書で営業利益を稼いでいるとアピールすることです。例えば、

- **営業外収益を売上にもってくる**
- **売上原価や販管費、営業外費用を特別損失にする**

これは粉飾ではありません。税引前当期純利益は変わりません。見せ方の工夫。これを考えるのが経理マンの仕事です。

■銀行や格付会社から高い評価を得る工夫①

銀行や格付会社が見る利益を増やす

- **銀行…営業利益**
- **格付会社…経常利益**

■銀行や格付会社から高い評価を得る工夫②

常に営業利益、経常利益を大きく見せるために
①②③のような視点をもつことが大切。

P/L(損益計算書)	工夫前	工夫後	
売上高	30,000	30,350	
(△)売上原価	18,000	17,350	
(=)売上総利益	12,000	13,000	
(△)販管費	8,000	7,500	
(=)営業利益	4,000	5,500	(+1,500UP)
(+)営業外収益	460	110	
(△)営業外費用	1,460	1,460	
格付会社☞ (=)経常利益	3,000	4,150	(+1,150UP)
(+)特別利益	300	300	
(△)特別損失	1,300	2,450	
(=)税引前当期純利益	2,000	2,000	
(△)法人税	600	600	
(=)当期純利益	1,400	= 1,400	

① 350　② 650　③ 500

※最後の利益は変わらない

①賃貸収入やロイヤリティー収入などは、営業外収益から売上高に

②原材料や商品の廃棄損失、災害による工場修繕費用は特別損失に

③災害による本社・店舗の修繕費用、役員の退職金等は特別損失に

当期純利益は変えずとも、途中の利益は増やせます。

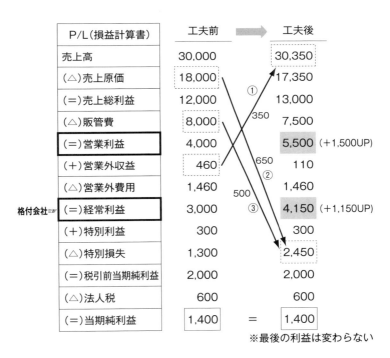

しよう

（単位：百万円）

科目	金額	
【売上高】		30,000
期首棚卸高	1,500	
商品仕入高	6,000	
当期製品製造原価	**13,000**	
期末棚卸高	2,500	
【売上原価】		18,000
売上総利益		12,000
【販売費及び一般管理費】		**8,000**
営業利益		4,000
受取利息	3	
受取配当金	10	
不動産賃貸料	350	
雑収入	97	
【営業外収益】		460
支払利息	100	
有価証券売却損	310	
為替差損	550	
雑損失	500	
【営業外費用】		1,460
経常利益		3,000
投資有価証券売却益	300	
【特別利益】		300
災害損失	500	
固定資産売却損	700	
訴訟関連損失	100	
【特別損失】		1,300
税引前当期純利益		2,000
【法人税、住民税及び事業税】		600
当期純利益		1,400

COLUMN

❷ 損益計算書まわりの相関関係を確認

製造原価報告書※

科目	金額	
【材料費】		
期首材料棚卸高	500	
原材料仕入高	2,000	
合計高	2,500	
期末材料棚卸高	600	1,900
【労務費】		5,500
【外注加工費】		2,300
【製造経費】		3,200
当期総製造費用		12,900
期首仕掛品棚卸高		500
期末仕掛品棚卸高		400
当期製品製造原価		**13,000**

販売費及び一般管理費明細

科目	金額	
役員報酬	800	
給与手当	3,800	
賞与	1,000	
退職金	300	
法定福利費	600	
福利厚生費	100	
減価償却費	200	
…	…	
修繕費	80	
租税公課	100	
交際費	20	
業務委託費	150	
支払手数料	50	
…	…	
販売費及び一般管理費合計		**8,000**

※小売業、卸売業、サービス業などでは製造原価報告書はありません。
　販管費明細は、どんな業種にもあります。

【解説】

損益計算書は、貸借対照表に比べすっきりしています。すっきりしているので見やすい一方、中身を分析する場合は、情報が足りない場合があります。

たとえば、「販売費及び一般管理費（販管費）」や「当期製品製造原価」（※製造業の場合のみ）は、損益計算書上は、たった1行で記載されています。しかし、1行だけだと、どの費目が大きいのか、中身がわかりません。このため、販管費には、“販売費及び一般管理費明細”、当期製品製造原価には、“製造原価報告書（明細書）”という補足書類があり、その内訳を確認できるようになっています。

図は、それぞれの書類のつながりを示しています。いずれも、内訳の合計金額が、損益計算書につながっていることがわかりますね。144ページのように、特に人件費の分析を行う場合は、これらの明細を活用する必要があります。

第3章

損益計算書でお金の流れを理解する

利益より重視すべきが、お金（キャッシュ）である。
お金を増やすキャッシュフロー経営こそが、
企業存続の絶対条件である。

12 お金は会社の血液。まわらなければ潰れます

■倒産する唯一の原因は、お金が不足すること

会社が倒産する原因は、たった一つしかありません。「お金がまわらなくなること」なのです。

会社にとって、お金（キャッシュ）は血液なのです。血液（お金）が全身にまわらなければ、会社は生き続けることができないのです。

〝キャッシュフロー経営〟という単語を耳にします。これはアメリカから入ってきた、会社経営の考え方です。キャッシュは「お金」、フローは「流れ」のことです。つ

■会社経営から見る重要度

現金（キャッシュ）		利益		売上
手元現金と 通帳の預金残高 がすべて。 ごまかせません	＞	ごまかそうと 思えば可能 （だから粉飾決算が 起きます）	＞	無理やり売上を 拡大させても 利益が 増えるわけ ではありません

売上より利益、利益よりも現金が大切。

まり、「お金の流れを重視して経営しましょう」ということです。売上や利益は、実は操作しようと思えば、できてしまいます。しかし、キャッシュは、手元のお金そのものです。ごまかしなど効かないのです。だから、最も重要なのです。

■ 使えるお金（営業キャッシュフロー）を生み続ける

さて、血液の循環においては、血液を全身に送り込む〝心臓のポンプ機能〟がとても重要です。これが十分に機能しなくなれば、やがては、心不全を引き起こすからです。

会社における、〝心臓のポンプ機能〟とは、**本業で稼いだ、使えるお金（営業キャッシュフロー**、75ページ）です。

本業でお金を稼げなければ、どうにもならないですね。「会社の持ち物を売る」「借金をする」ということでもお金はつくれますが、これは一時的な対策なのです。

営業キャッシュフロー（本業で稼ぐお金）がマイナスという

状況が続くなら、早晩、倒産を迎えてしまいます。

■潰れる会社は必ず借入金がたくさんある

さて、「お金がまわらない」とはどういう状態でしょうか？　これは個人と同じです。いうなれば借金まみれの多重債務者ですね。

業績が好調で浮かれてしまい、将来の見通しが甘いまま、銀行からお金を借りて、設備投資を行った。しかし、いつからか風向きが変わってしまい、モノは売れず、在庫のヤマ、借入金も返せなくなってしまった……。

潰れた会社は間違いなく銀行からの借入金が多いのです。ですから、会社の血液（キャッシュ）がスムーズに流れているのか、しっかりとしたチェックが必要なのです。

詳しくは、１４０ページで説明します。

■強い会社は、スリムな体型と力強い心臓をもっている

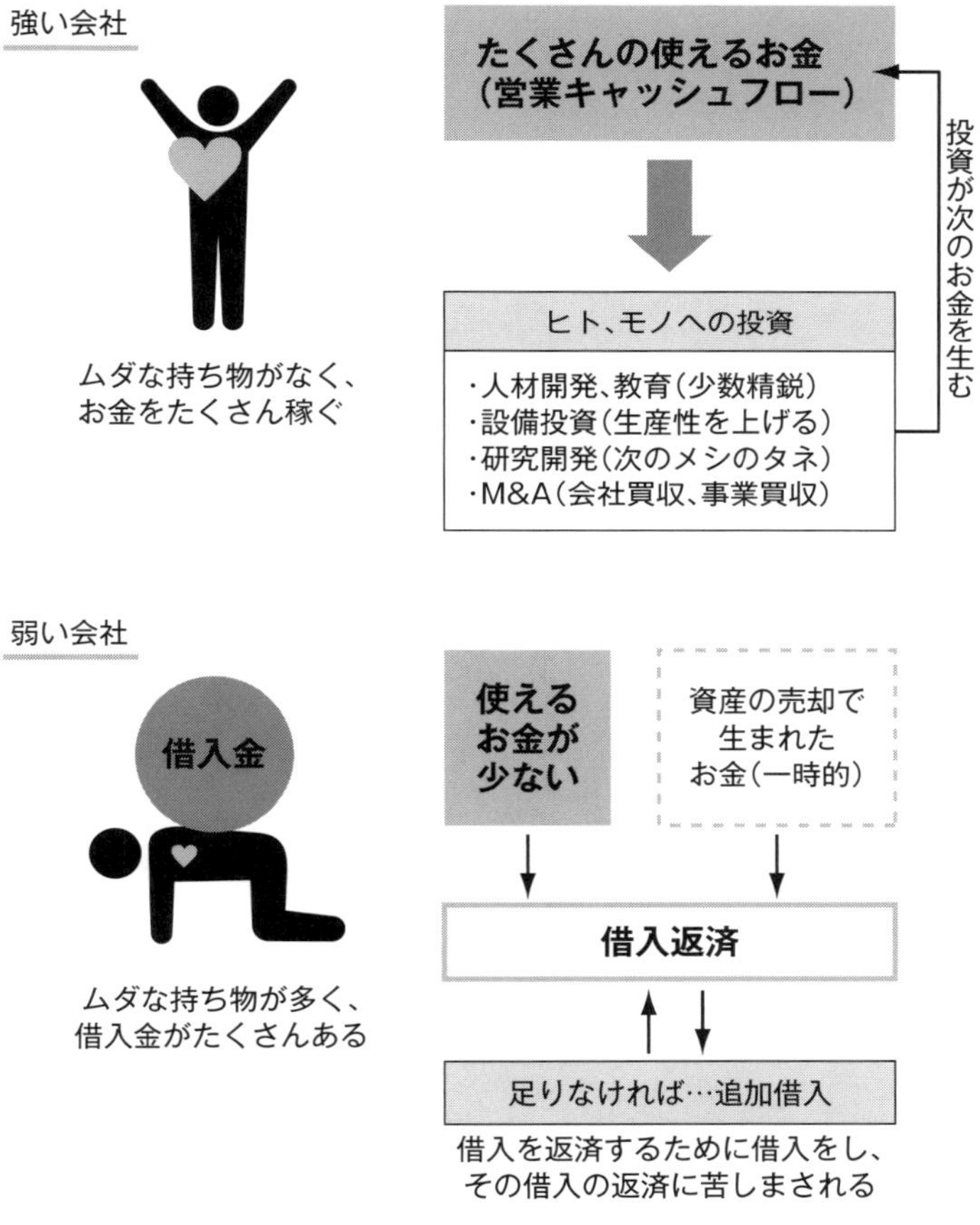
強い会社
ムダな持ち物がなく、
お金をたくさん稼ぐ
たくさんの使えるお金
(営業キャッシュフロー)
ヒト、モノへの投資
・人材開発、教育(少数精鋭)
・設備投資(生産性を上げる)
・研究開発(次のメシのタネ)
・M&A(会社買収、事業買収)
投資が次のお金を生む
弱い会社
借入金
ムダな持ち物が多く、
借入金がたくさんある
使えるお金が少ない
資産の売却で
生まれた
お金(一時的)
借入返済
足りなければ…追加借入
借入を返済するために借入をし、
その借入の返済に苦しまされる

強い会社になるには…

①将来、お金を稼ぐために、必要な投資にはカネを惜しまない
②本業に関係ない投資(不動産、株式、自動車)はしない
③身の丈に合わない投資(借金をしての過剰投資)はしない

13「利益が出ればお金が増える」とは限りません！

■利益とお金、似ているようで実は別人

「利益とお金は一緒だろう」と考えられている方は多いようです。しかし「1億円の利益が出れば、1億円のお金が増える」という、わけではないのです。なぜでしょうか。

理由は2つです。

1. 損益計算書にはお金の動きを伴わない項目がある
2. お金が動いても損益計算書に載らないものがある

損益計算書は5つのグループを使って、利益を計算します。しかし、損益計算書に登場する項目のすべてに、お金

■「利益」と「お金」は似ているようで、別人

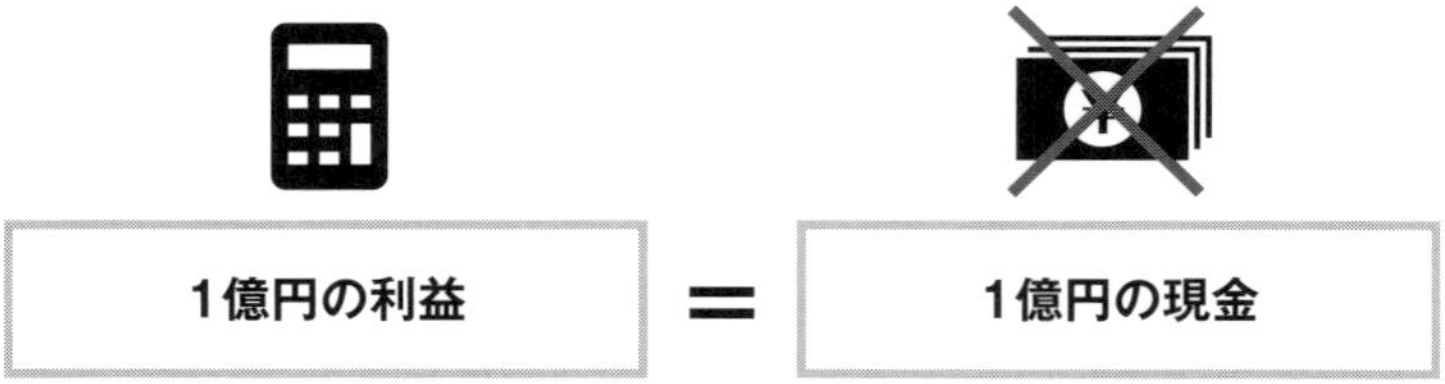

利益はあくまで電卓(机上)で計算されるもの。

が紐づいているわけではありません（1）。

一方で、会社のお金が増えても（減っても）、それが損益計算書に登場しない場合もあるのです（2）。

■減価償却費はお金が出ていくわけではありません

1の代表選手は、「減価償却費（50ページ）」です。これは、1年間で減った建物や設備の価値を、金額で表したものでした。建物、設備は買った瞬間に費用にはならず、使っていくことで、少しずつ減価償却費として計上していきます。損益計算書では、この減価償却費をマイナスして、利益を計算していましたね。

しかし、実際にこの分のお金が出ていっているわけではありません。だから、利益とお金が、ズレてしまうのです。

お金の出入りを伴わない項目は、「固定資産の売却損失（76ページ）」や、「××引当金（114ページ）」など、この他にもいろいろとありますが、まずは、減価償却費だけ、確実

■利益とお金の動き（キャッシュフロー）がずれる理由①

損益計算書には、お金の出入りを伴わない項目がある（単位：百万円）

製造原価報告書

科目	金額
Ⅰ.材料費	…
Ⅱ.労務費	…
Ⅲ.経費	…
…	
減価償却費	…

科目	金額
売上高	30,000
期首棚卸高	1,300
当期仕入高	6,000
当期製品製造原価	13,000
合計	20,300
期末棚卸高	2,300
売上総利益	12,000
販売費及び一般管理費	8000
営業利益	4,000

販管費明細

科目	金額
役員報酬	…
…	…
…	…
…	…
減価償却費	…
…	…

減価償却費は利益にマイナスですが、お金にマイナスではありません

に覚えてください。

■ 売上高や仕入高は、タイミングが遅れてお金が動きます

1について、次のような質問を受けることがあります。

「当社では、商品を出荷したときに売上をあげることになっています。でも、お金を回収するのは、2カ月後です。この場合、売上高は損益計算書に載っていても、お金の動きを伴っていません。どう考えるのですか？」

売上に限らず仕入においても、計上した時点ではお金が動いていない（支払っていない）という場合があります。こう考えると、確かに売上や仕入も、利益とお金がずれる要因の一つとも考えられます。

しかし、これらは、売上、仕入として損益計算書に計上したタイミングと、入金または支払のタイミングが、少しズレるだけです。長い目でみれば、お金の動きを伴っている、と考えてしまえばよいでしょう。

■利益とお金の動き（キャッシュフロー）がずれる理由②

営業外の活動は損益計算書には出てこない

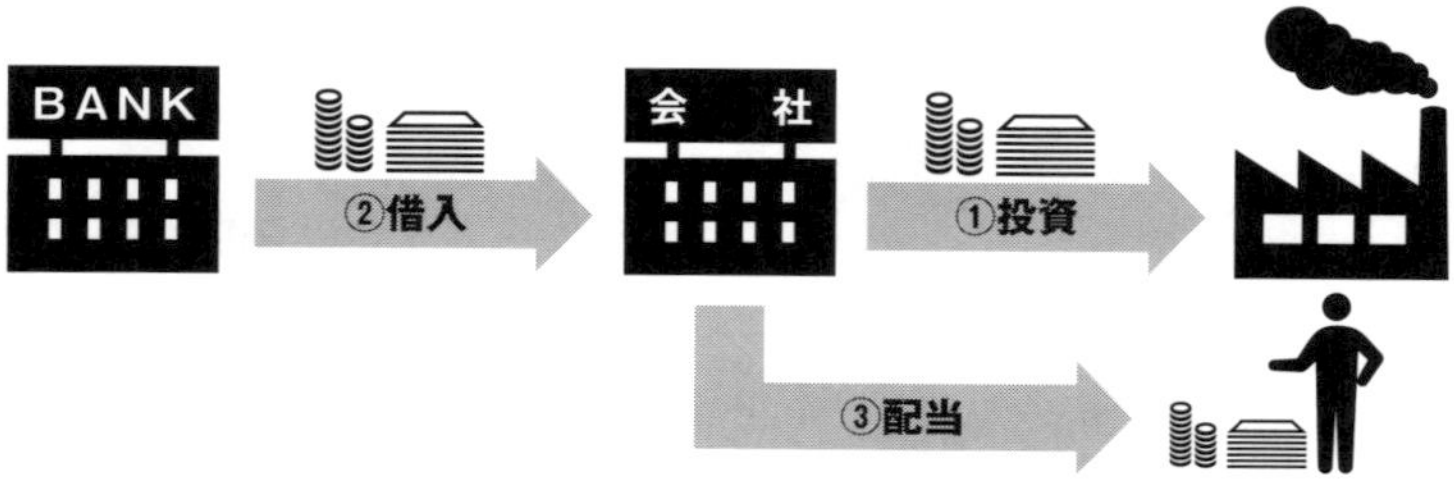

営業外の活動は損益計算書には出てきません。

■借入金の返済は、損益計算書には出てきません

2の代表選手は、大きくわけて、次の3つです。

①建物・設備の投資額や売却額、②借入額・返済額、③配当金の支払額。（これらは、営業活動ではありません）

①投資額は、投資したその年に、全額が損益計算書に登場しないのは、先述のとおりです（減価償却費）。

②お金の貸し借りは、会社の業績には直接関係ありませんね。借入してお金が増えても利益が増えるわけではありません。また、借入金を返済しても利益が減るわけではありません。

③配当は損益計算書の「税引後当期純利益（当期純利益）」から払います。つまり、税引後当期純利益（当期純利益）が先に決まり、配当はその後になります。

このように「**利益とお金の動きは一致しないこと**」をご理解ください。

14

「使える お金」は きちんと計算する

■キャッシュフロー計算書は必要ありません

では、営業キャッシュフローはどう計算するのでしょうか？　上場会社では、キャッシュフロー計算書という書類を作ります。しかし、これがとてもわかりにくいのです。

（152ページで触れていますが、営業キャッシュフローを計算するうえでこの計算書は優先度が低いと考えます。その理由は後述）。

そもそも中小企業では、これを作成すらしていません。裏返せば、そこまでの書類だということなのです。

■柱は、税引後当期純利益と減価償却費

〝心臓のポンプ機能〟を果たす、営業キャッシュフロー（本業で稼ぐお金＝使えるお金）の**計算方法は、実は何通りもあります。**ここでは、単純化した式として、次のように覚えてください。

営業キャッシュフロー
＝税引後当期純利益　＋　減価償却費等

70ページで、「利益とお金は、似ているようで実は違う」、そして、その違いを生んでいる代表選手が「減価償却費」だと説明しました。損益計算書は、お金が出ていかない減価償却費をマイナスして利益を計算しています。ですから、キャッシュフローを計算するときは、逆に**これ（減価償却費）を足してやるのです。**

ちなみに73ページの①〜③は、営業活動ではないため、この営業キャッシュフローの計算には、含めていません。

■営業キャッシュフローの計算式

営業キャッシュフロー
使えるお金

＝

税引後当期純利益（当期純利益）
税金を引いた後のもうけ

＋

減価償却費等
お金の出入りを伴わない項目※

※減価償却費（50ページ）の他、固定資産の売却損失（76ページ）など

営業キャッシュフローは損益計算書から簡単に計算できます。

■税引後当期純利益が赤字でも、お金はまわる

たとえ、税引後当期純利益（当期純利益）が赤字でも、お金がまわれば問題ありません。（下欄参照）

10億円で買った土地が3億円で売れました。すると売却損は7億円ですね。この7億円、損をしたといっても、実際にお金が出ていったわけではありませんね。

損益計算書ではお金が出ていかない売却損失を、マイナスして純利益を計算しています。だから、営業キャッシュフロー（使えるお金）を計算するときは、逆に売却損を足してやるのです。（下欄②参照）

この場合、利益は赤字でも、キャッシュフローは黒字なのです。先の式で、「減価償却費等」としたのは、このためです。営業キャッシュフローを計算するときは、利益（税引後当期純利益）を基本に、お金の出入りが伴わない項目を考慮することが必要となります。

■税引後当期純利益が赤字でも、お金はまわるケース

①多額の設備投資（新規開店など）で減価償却費がふくらんだ場合

例）当期純損失が△1億円（ただし、減価償却費2億円）

→営業キャッシュフロー　＝△1億＋2億円＝＋1億円

②土地を売却して多額の損失が出た場合

例）土地売却損失が10億円出て当期純損失が△5億円

→営業キャッシュフロー　＝△5億＋10億円＝＋5億円

■**売却損失といっても、お金は出ていかない**

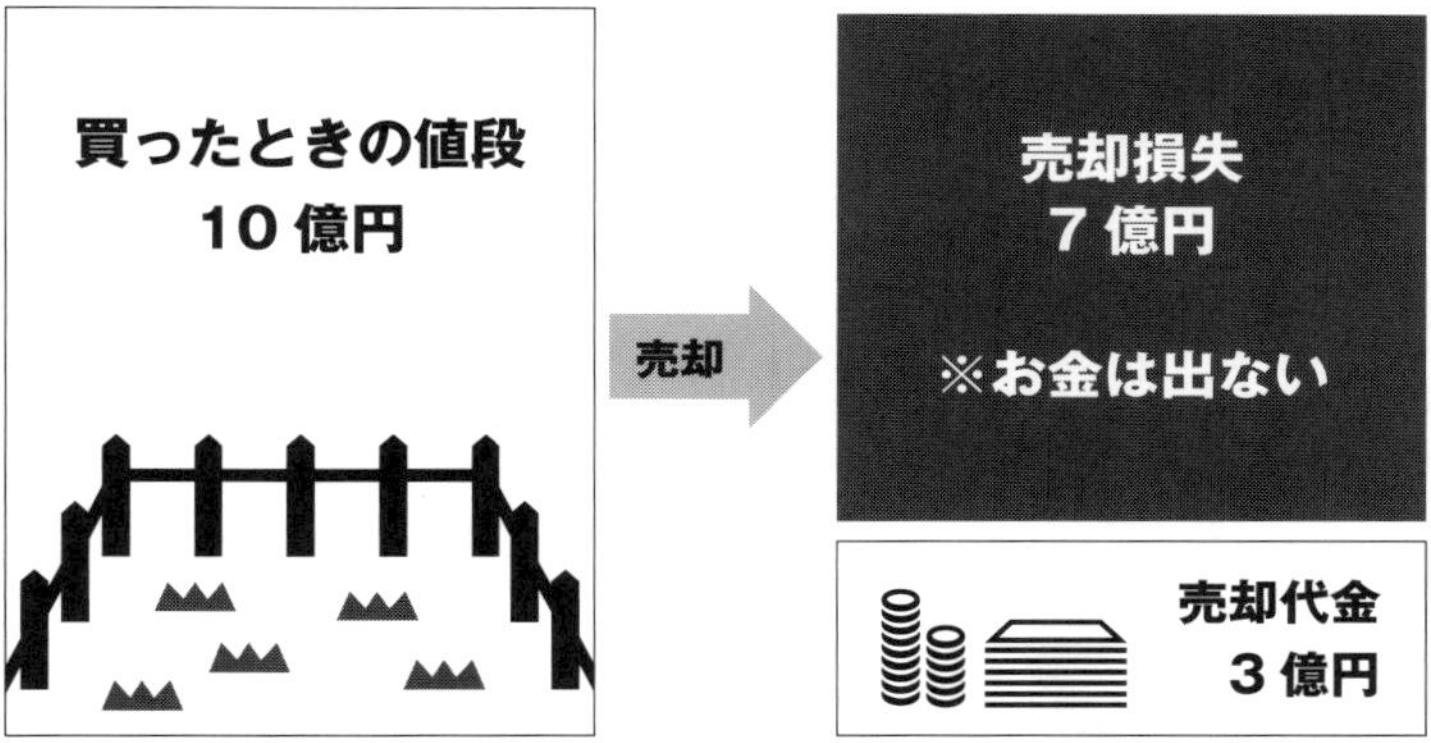

（単位：百万円）

科目	金額
売上高	30,000
⋮	⋮
経常利益	3,000
災害損失	100
固定資産売却損	700
訴訟関連損失	100
⋮	⋮
税引前当期純利益	2,000
法人税等	600
当期純利益	1,400

この700百万円は
当期純利益の計算上では
マイナスされているが、
実際にお金は出ていない。
↓
だからキャッシュフローは
当期純利益1,400百万円に、
この損失をプラスして
計算する

多額の売却損失を出しても、お金は減りません。

15 お金の流れをよくする方法を覚えておく

■「回収は早く支払は遅く」で使えるお金が増える

75ページで説明したのは、損益計算書からみたキャッシュフローの計算式で、税引後当期純利益と減価償却費が決め手でした。

実はもう一つ、キャッシュフローの重要な決め手があるのです。言われてみれば、当たり前のことです。**「回収は早く、支払いは遅くすること」**。例えば給料を早くもらって（回収して）、カードの支払日を遅くすれば、財布の中のお金は増えます。会社も同じなのです。

■回収は早く、支払は遅く

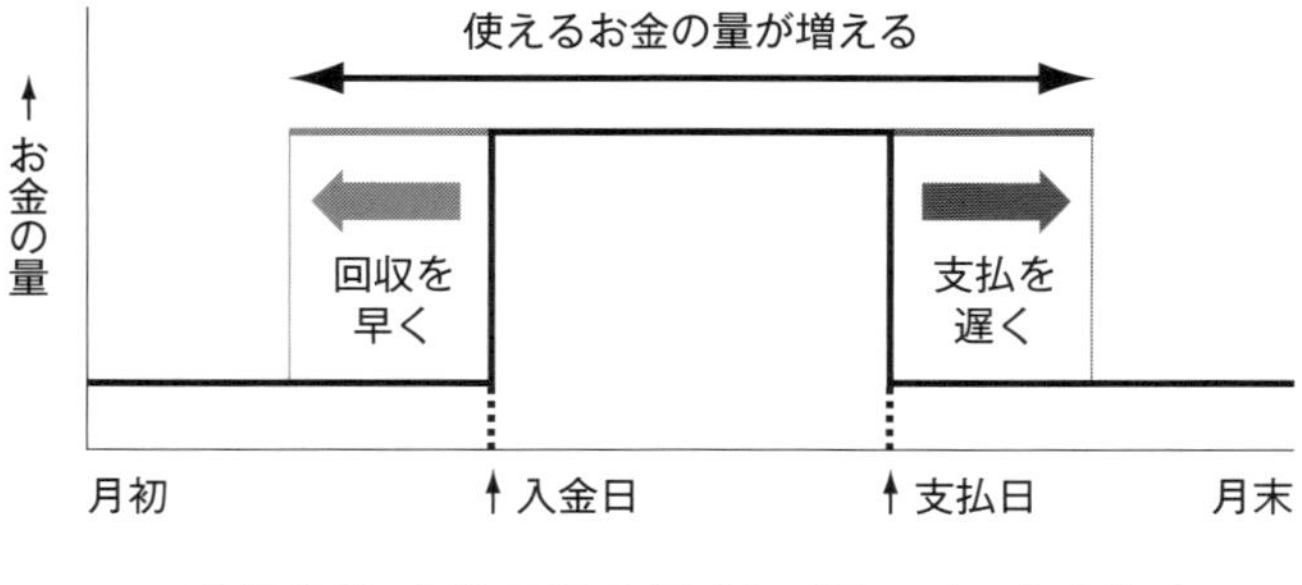

回収条件、支払条件の見直し、行っていますか？

売上代金を早く回収して、仕入代金や経費の支払を遅くすれば、会社のキャッシュフローは改善します。大切なのは、**現在の回収条件や支払条件を「当たり前」「業界の常識」「変えられない」と思わない**ことです。他社や他業界の条件を調べてみると、改善のヒントが見つかるはずです。

■売上代金の回収条件を改善させるには根気が必要

回収条件や支払条件の交渉に成功すれば、キャッシュフローを間違いなく増やすことができます。

この場合は、先の計算式にプラスして、特別にキャッシュフローを増やすことができるのです。下欄にその例を紹介していますが、売上代金の回収条件の変更は、なかなか簡単にはできません。時間が必要です。

・得意先からの値上げ要請があれば、そのときに交渉する（得意先のお願いを聞く代わりに、こちらもお願いする）

・同じ会社でもA支店とB支店で条件が違う場合がある

■お金の流れをよくする交渉(例)

● 得意先からの受取手形（112ページ）のサイト（発行日～回収日の期間）を90日から60日に縮める。

● 100%受取手形で回収していた売上代金のうち、半分は現金で回収させてもらう　(半金半手)

● 仕入代金の振込を、翌月末払から翌々月末払に伸ばす

条件変更は口に出してみないことには始まりません。

ので、好条件の支店に合わせてもらうように交渉する営業マンからすると、得意先に「早く支払ってください」とは、なかなか言いづらいものです。しかし、勇気を振り絞って言ってみると、意外にＯＫが出るものです。

回収条件、支払条件の変更は、一朝一夕にはできません。工夫しながら長い時間をかけて、交渉してください。

■「前金現金」商売を考える

多くの会社では、回収不能になった不良債権（売掛金や受取手形）があって、「何とか回収できないものか…」と悩んでいます。

対策の一つは、代金をなるべく前金でもらうことです。建設業なら、着工時、上棟時、引渡時と請負代金を3回に分けてもらうことが多いのですが、着工時や上棟時に、1割でも多くもらうよう、交渉することです。

「代金はすべて終わってからでいい」と考えてはいけません。

■使えるお金を増やす基本原則

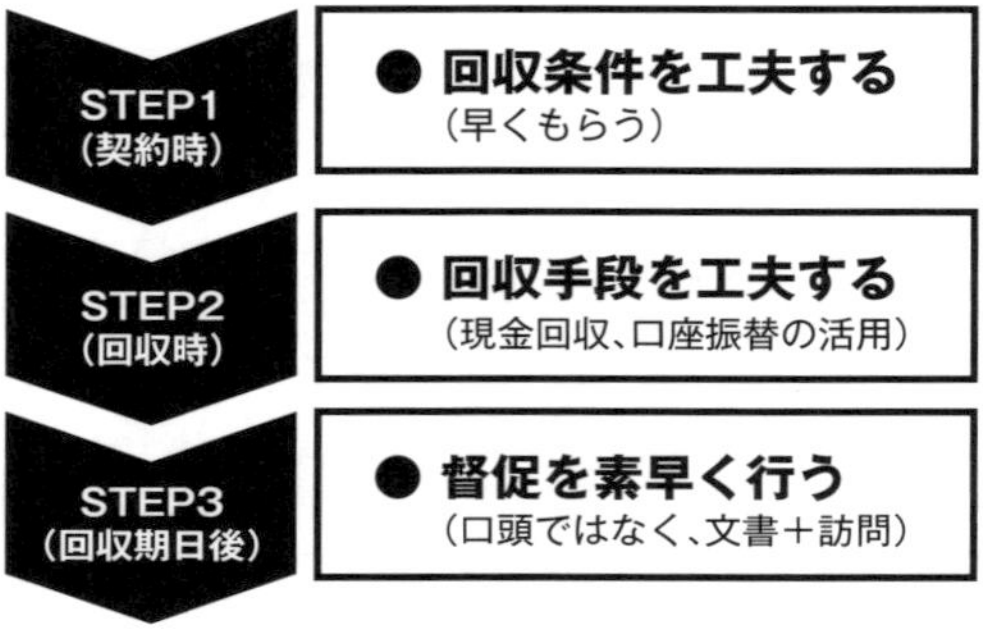

STEP1（契約時）	● 回収条件を工夫する（早くもらう）
STEP2（回収時）	● 回収手段を工夫する（現金回収、口座振替の活用）
STEP3（回収期日後）	● 督促を素早く行う（口頭ではなく、文書＋訪問）

■売却損失を出して、お金の流れをよくしよう

「売却損失を出すと、お金がたまります」

こう言うと、「損失を出せば、お金が減るだろう！」と反論する方がいます。でも、損失には、お金が出ていく損失と、出ていかない損失があるのです。お金の流れをよくするには、後者の損失を使うのです。

76ページのように要らない土地を売却して売却損失を出せば、税引前当期純利益が減ります。その分、法人税の支払が減ります（82ページ）。税引前当期純利益の何年分かに相当するほどの損失を出せば、何年もの間、法人税を払わずに済みます（84ページ）。売却代金が手に入るうえ、法人税の支払も減るため、会社に、どんどんお金がたまっていくのです。この売却損失を、「特別損失」として処理すれば、営業利益や経常利益が赤字になることはありません。銀行からの評価が落ちることもないのです。

■未収金の発生を防ぐ対策例

- **売上は後からではなく、前金でもらう**
  （塾、学校、映画館など前金商売、会費制ビジネス）
- **現金で回収することを考える**
  （小売、外食、ガソリンスタンド、ホテル）
- **未収金が発生しやすい場合は、口座振替で回収する**
  （口座に残高があれば、毎月確実に回収できる）
- **未収金が発生した場合に、すぐ電話、督促状を発送する**
  （未収金が多い会社は、間違いなく初動の対応が遅い）

未収金は回収より、予防に力をいれましょう。

会計と税務の考え方、実は180度、違います

16

■法人税は「利益」ではなく、「所得」に対する税金

法人税は、「所得」に対して、約30%がかかります。

つまり、**法人税＝「所得」×30%**ですね。

「所得」を強調したのは、これが税引前当期純利益とは違うからです。**所得≒税引前当期純利益**と考えても、大きく外れではありません。でも、細かいことを言うと、実は、両者は違っています。**所得は〝税務〟の言葉、税引前当期純利益は〝会計〟の言葉**です。

「会計と税務は、一緒だろう」と考える方が多いのですが、

■法人税は所得にかかる

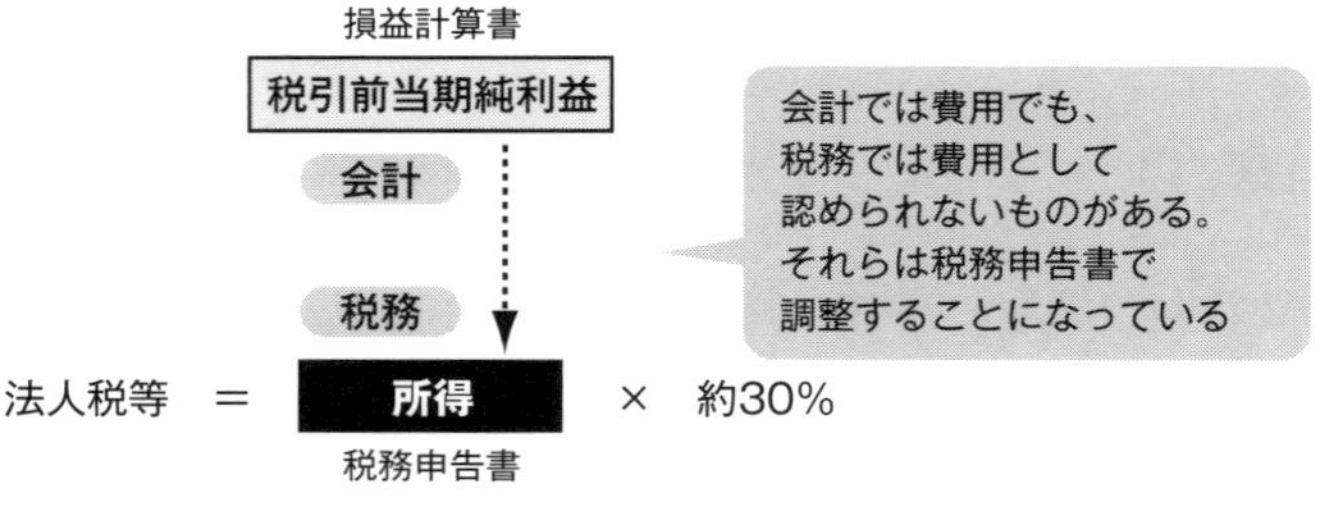

法人税を減らすには税務知識が必要です。

実は、両者の考え方は、根本的に大きく違っています。

■ **会計は「利益を出すな！」、税務は「損失を出すな！」**

会計の役割は、決算書を見て投資したり、取引してくれる株主や取引先を保護することです。だから、「**利益は少なく**計上してほしい（粉飾はダメ！）」です。いっぽう、税務の役割は適正な納税額を計算すること。だから、「**税金を多く**払ってほしい（脱税はダメ！）」なのです。

税務の「税金を多く」とは、言い換えれば「利益を多く」です。「利益を少なく」の会計とは、真逆なのです。

会計の世界では交際費や引当金（114ページ）を計上することに、制限はありません。しかし、税務の世界は違います。費用をたくさん計上されると、税金が減ってしまいます。だから、それぞれ「この程度まではＯＫ」と制限しています。

法人税等を計算するために作成する「税務申告書」では、

■会計と税務は似ているようで実は違う

	目的	考え方	ダメなもの
会計	株主、債権者を守ること	利益は**少なめ**に計上してほしい ※利益を実際より大きく見せると株主、債権者が勘違いするから	粉飾
税務	正しく納税させること	利益は**多め**に計上してほしい ※税金を多く払ってほしいから	脱税

上場会社では会計を、中小企業では税務を重視します。

損益計算書の税引前当期純利益をもとに、こうした項目を調整して、所得を計算しているのです。

■ 大きな損を出せば来年以降に繰り越せる（繰越欠損）

大きな損失を出して所得（≒税引前当期純利益）を赤字にすると、税務の世界においては、「欠損金」が発生します。

ある年に、所得（≒税引前当期純利益）が赤字になると、翌年以降で所得が黒字になっても、最大で9年間は、この所得を減らせる（≒税金が減る）、という制度があります。

将来に繰り越す欠損金のことを「**繰越欠損金**」と呼びますが、これがなくなるまでは、税金は発生しない、というわけです。たとえば、ある年に8億円の繰越欠損金が出たとします。翌年以降、毎期2億円の税引前当期純利益が出ても4年間は税金を一切払わなくてよいのです。

この繰越欠損金は税務特有の制度のため、損益計算書には載ってきません（税務申告書に載ってきます）。

■繰越欠損金の仕組みを知ろう

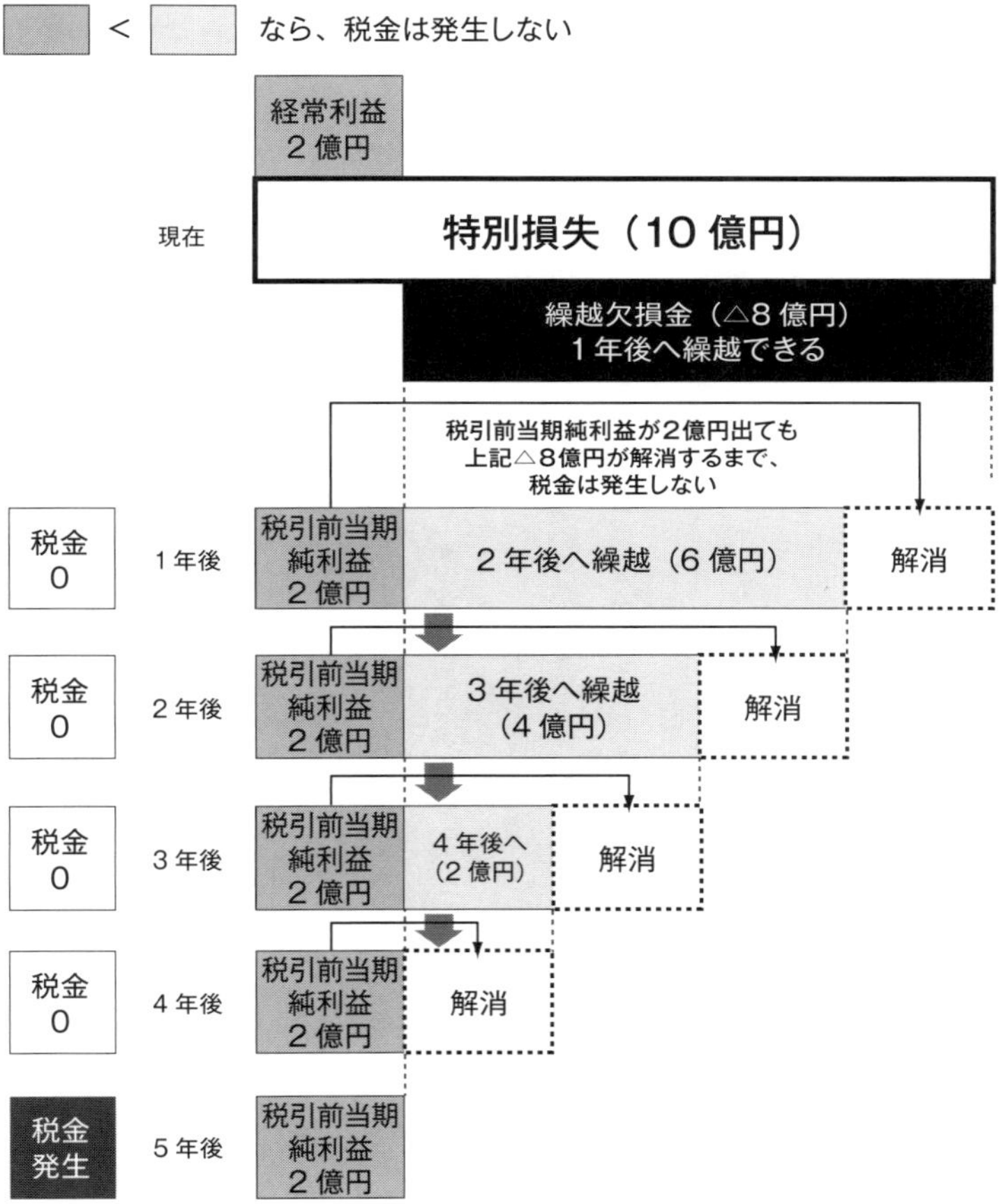

たとえば不動産を売却してたくさんの売却損失を出せば、
翌年以降、法人税が発生しません。つまり、会社にお金がたまります
(81ページ)。

キャッシュフローの観点からは
繰越欠損金を上手に活用することがとても重要です。

COLUMN 3

なぜ黒字でも倒産するのか

「黒字倒産」という言葉のとおり、利益が出ているのに潰れる会社があります。これは、売上を計上するタイミングが関係しています。72ページのとおり、売上計上と代金回収のタイミングには、少しのズレがあります。通常、このズレはすぐに解消されますが、代金回収の見込みがないのに売上をつくり、利益を上げた場合は、「黒字だけどお金が回収できない」のです。

また、売上原価に計上するのは、「売上げた」在庫の原価のみ（49ページ）ということも、理由の一つです。在庫をたくさん仕入れても、売れない限りは、売上原価に計上されることはありません。この場合、「仕入代金の支払でお金がまわらないのに、売れていない在庫の原価は計上されないため、利益は黒字」となるのです。

利益が出ているのに、それ以上に売掛金や在庫が増えている場合は、注意が必要です。

損益計算書	
売上高	10,000
売上原価	4,000
売上総利益	6,000
⋮	⋮
当期純利益	500

利益は出ているが、資金繰りはとても厳しく倒産寸前である

	貸借対照表				
	現預金	500	買掛金	2,000	
①	売掛金	5,000	短期借入金	6,500	③
②	商品	4,000	資本金	500	
			利益剰余金	500	
	資産	9,500	負債・純資産	9,500	

①6カ月分の売上に相当する売掛金がたまっている
②年間の売上原価に相当する商品がたまっている
③短期借入金が多すぎる。返済できなければ、倒産。

黒字倒産会社の簡単な例

第 4 章

貸借対照表で
会社のフトコロ事情を
のぞく

ほとんどの方は損益計算書にしか興味がない。
しかし、企業経営にとって本当に大切なのは
貸借対照表である。

17 見せかけではない本当の状態がわかる

■左側は会社の財産リストです

「X社は、すごく高いビルを持っていて、金持ちだな～」ビルを見ると、確かに「X社」と看板が掲げられていま す。しかし、それは本当にX社の持ち物なのでしょうか？全国展開している小売店や飲食店の何百、何千という店舗は、すべて会社の持ち物なのでしょうか？

答えは貸借対照表を見れば、わかります。

貸借対照表の左側には、現金や建物等、会社のあらゆる財産が載っています。だから、もし建物や土地が見当たら

■会社の本当のフトコロ事情を探る①

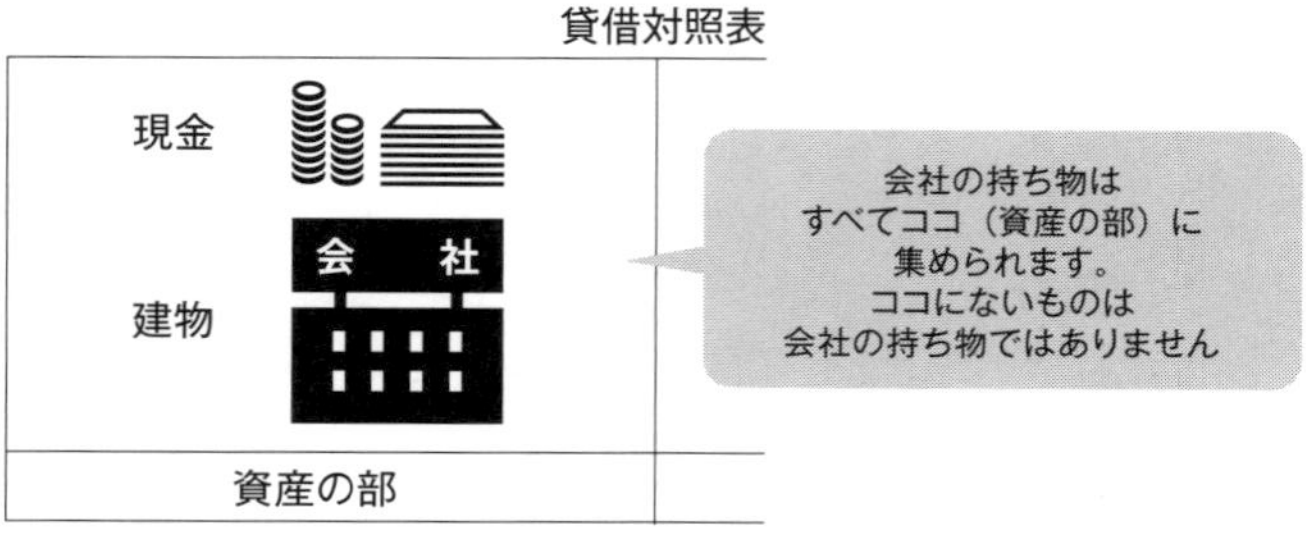

会社がもつ財産のことを「資産」といいます。

なければ、あるいは意外と少なければ、それらは、すべて借り物というわけです。

■ そのお金は誰が出した？　答えは右側に

ところで、みなさんがお持ちの財産（現金、洋服、自宅や自動車）は、働き始める前から持っていたお金で買ったのでしょうか？　あるいは、頑張って稼いだ給料から買ったのでしょうか？

財産を買うためのお金のことを「資本」といいます。

もともと持っていたお金だろうが、給料で稼いだお金だろうが、**自分のお金のことは「自己資本」といいます**。

一方で、自宅や自動車を買ったときに銀行でローンを組んだという方や、来月10日に洋服代（クレジットカード）の引落としが待っている……という方もいます。この場合、財産を〝他人のお金〟で買ったことになります。つまり、**借入金**や未払金は、**「他人資本（負債といいます）」**なのです。

■会社の本当のフトコロ事情を探る②

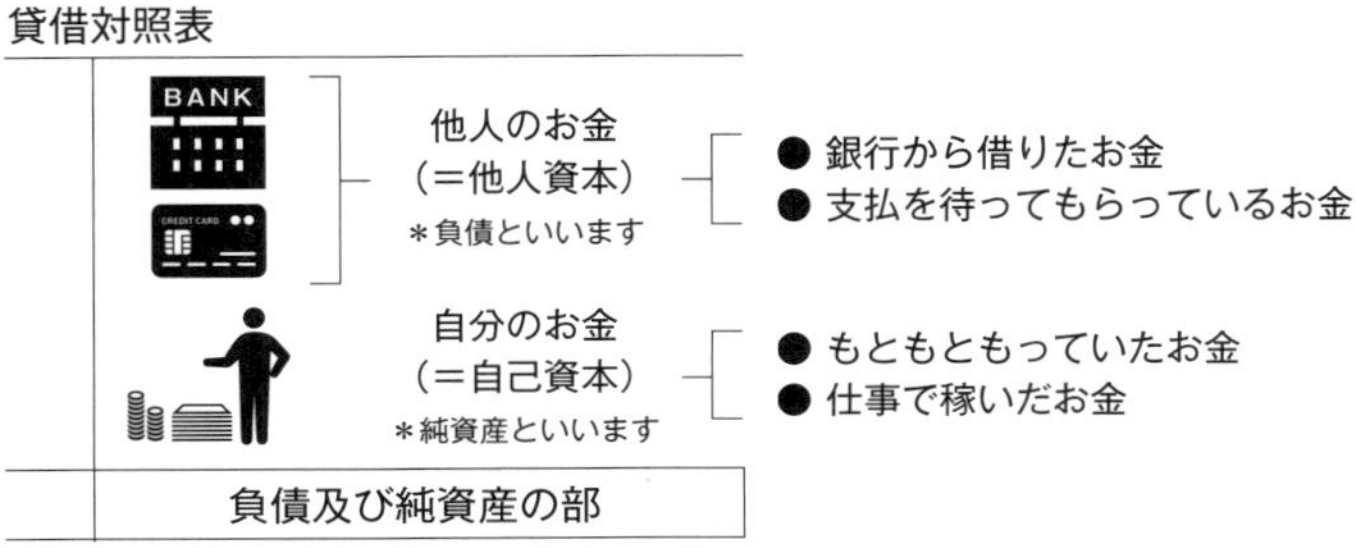

財産を買うためのお金を「資本」といいます。

資本には、自己資本と他人資本があること、そしてそれは、貸借対照表の右側に載ってくることを、ご理解ください。

■左と右は必ず一致。だから別名「バランスシート」

会社の財産（「資産」といいます）と資本を並べたものが、貸借対照表です。これをみれば、見かけのイメージとは違う、会社の本当のフトコロ事情が見えてくるのです。

貸借対照表は、別名で「バランスシート」と呼ばれます。左と右が必ず釣り合うから（バランス）、こう呼ばれます。

さて、あなたの持っている資産を左に、これから支払う負債（他人資本）を右に書き出してみてください。ふつうは、資産のほうが負債より大きくなりますね。

資産から負債を引くと、プラスの差額が現れます。これこそ、あなたが出したお金（自己資本）なのです。

■貸借対照表の左と右は必ず一致する

貸借対照表
Balance Sheet　＝B/S

お金の使い道（運用形態）　＝　お金の出所（調達源泉）

お金をつかう　←　お金をあつめる

資産の部

資産の部	
流動資産	×××
現金及び預金	×××
売掛金	×××
その他	×××
繰延税金資産	×××
固定資産	×××
建物及び構築物	×××
機械及び装置	×××
土地	×××
その他	×××
無形固定資産	×××
関係会社株式	×××
投資有価証券	×××
貸倒引当金	△×××
その他	×××
資産合計	×××

負債＝他人資本

負債及び純資産の部	
流動負債	×××
支払手形及び買掛金	×××
短期借入金	×××
未払金及び未払費用	×××
賞与引当金	×××
固定負債	×××
長期借入金	×××
その他	×××
負債合計	×××

純資産＝自己資本

株主資本	×××
資本金	×××
利益剰余金	×××
評価換算差額等	×××
その他有価証券評価差額金	×××
純資産合計	×××
負債及び純資産合計	×××

資産合計 ＝ 負債及び純資産合計

総資産　＝　総資本（他人資本＋自己資本）

調達したお金(右)は、
いろいろなものに姿・形を変えています(左)。

18 会社の歴史や性格も見えてきます

■創業時からの歴史が見えてきます

貸借対照表は、左に資産が、右に資本が並びます。財産を買うための資本（お金）は、他人が出したお金（他人資本）と、自分が出したお金（自己資本）の2つに分かれました。これを計算式で表すと、

資産＝他人資本（負債）＋自己資本（純資産）

となります。

貸借対照表は**会社の資産**（財産）**と資本**（お金の出所）**の残**

■貸借対照表で性格まで見えてくる①

<イケイケガンガン　タイプ>

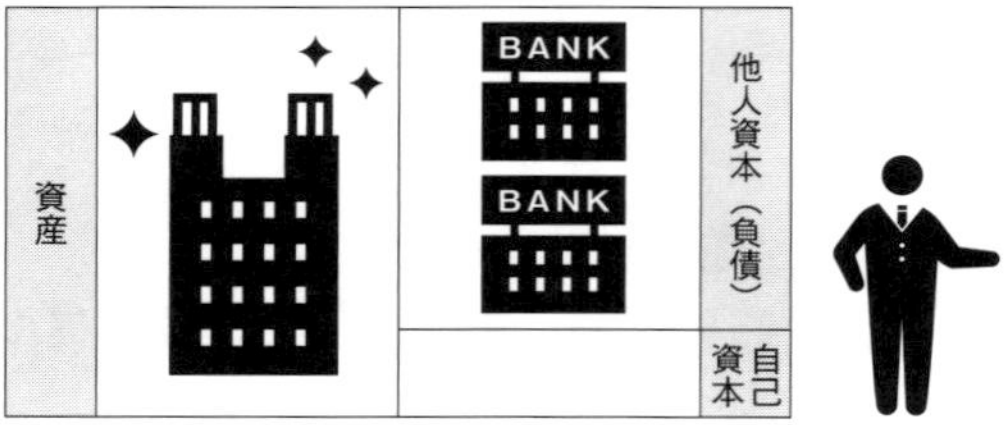

派手で目立ちたがり屋だが実は借金が多く、危険です。

高一覧表といえますが、これは、**創業時からの継ぎ足し**でできています。つまり、会社の歴史を表しています。

たとえば、ご自分の持ち物リストにある財産（自宅、自動車、洋服など）は一度にまとめて買ったものではないはずです。毎年、少しずつ買い足してきて現在があるわけです。

貸借対照表も同じです。貸借対照表のそれぞれの項目の内訳を見てゆくと、「なにこれ～！　こんなもの、あったっけ?!」というものが、きまって登場します。洋服ダンスと同じように、貸借対照表の中身も一度、くまなく整理してほしいのです。そして、この左右を眺めていると、不思議なことに、会社の性格も見えてくるのです。

■ 会社の性格、わかります

例えば、左側に豪華な建物、一等地にある土地、高級外車が並んでいる会社。「すごーい」と思っても真実はわかりません。その財産はどうやって買ったのでしょうか？

■貸借対照表で性格まで見えてくる②

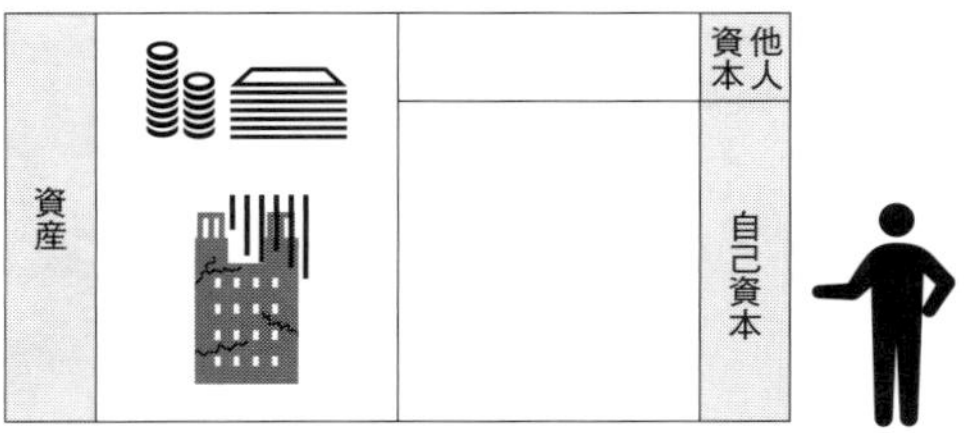

見た目は地味だが実はお金持ちで、安定感抜群。

・自分のお金（自己資本）で買っているのか？（堅実）
・借金して（他人資本）買っているのか？（見栄っ張り）

答えは、貸借対照表の右側にあります。

創業時からコツコツ稼ぎがある、ムダ遣いをしない会社には、自分のお金（自己資本）がたくさんあります。

反対に、稼ぎが少ないわりに、見栄っ張りという会社なら、他人のお金（他人資本）が目立つのです。所有欲が強ければ、左側にやたら建物や土地が多いのです。

貸借対照表をみれば、その会社の性格が、よくわかるのです。損益計算書だけを見ていては、こうしたことは、決してわからないのです。

■他力本願では個人も会社も、いつかつぶれます

他人資本（負債）が、資産よりも大きい場合があります。

個人でいえば、カードの支払や借入返済に追われている状態で、行く末は自己破産です。

■貸借対照表で性格まで見えてくる③

＜債務超過（資産＜負債）は倒産まっしぐら＞

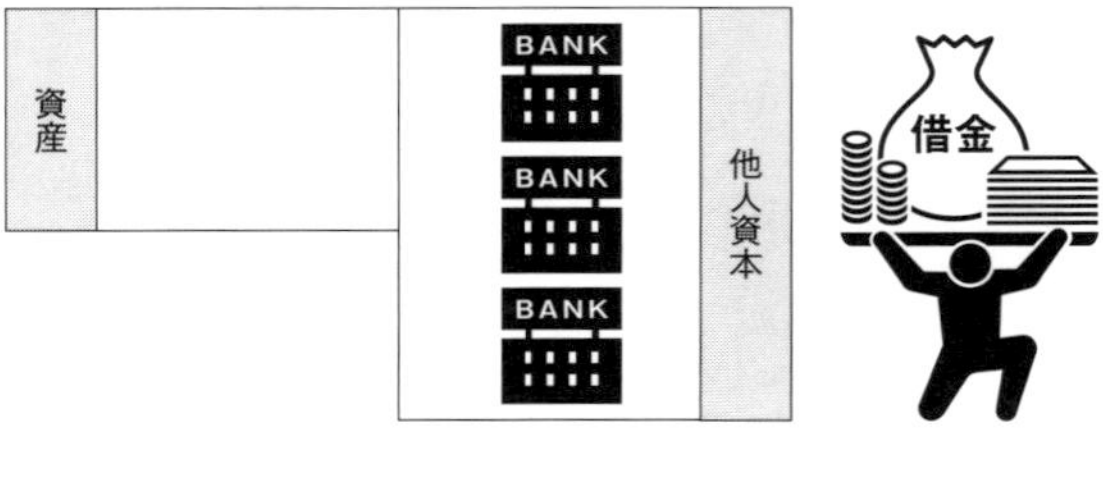

資産を売るか、他人の支援がなければ倒産します。

会社の決算書でも、ときどき、こういう会社をみかけます。資産よりも負債が大きい状態を「債務超過」といいます。〝債務超過〟の会社は、倒産危険度がとても高いです。会社も個人も、「他力本願」では、つぶれてしまいます。

■自己資本が大きすぎても悩みます

いっぽうで、自己資本が大きすぎる会社にも、悩みがあります。こういう会社は、たいてい、たくさんの現金を持っています。多額の現金の使い道で悩むのです。もし、上場していれば、株主から「オレたちにもっと配当しろ！」と要求されるのです。

69ページでも見たように、会社が成長するには、もうけたお金をヒトやモノに投資することが必要になってきます。人材、最新設備、ＩＴシステム、研究開発、成長分野の事業や会社など……。長期的に見れば、お金はため込みすぎても、よくはないのです。

【資産の部】

財産リストの上半身、すぐにお金に変わるか
〈流動資産〉
19

■遅かれ早かれ、お金に変えられるものが資産

貸借対照表の左側には、実にたくさんの名前が並んでいます。現金や預金は当然のこと、材料や商品、下を見れば、不動産（土地、建物）、有価証券、○○○権など、難しい単語が目につきます。

資産は会社の財産です。基本的に価値があって、お金に変えられるものです。ただし、すぐにお金に変わるものもあれば、お金に変わるのに時間がかかるものもあります。

このスピードの違いによって、資産は、上半身と下半身に

■資産は上半身と下半身に分かれます

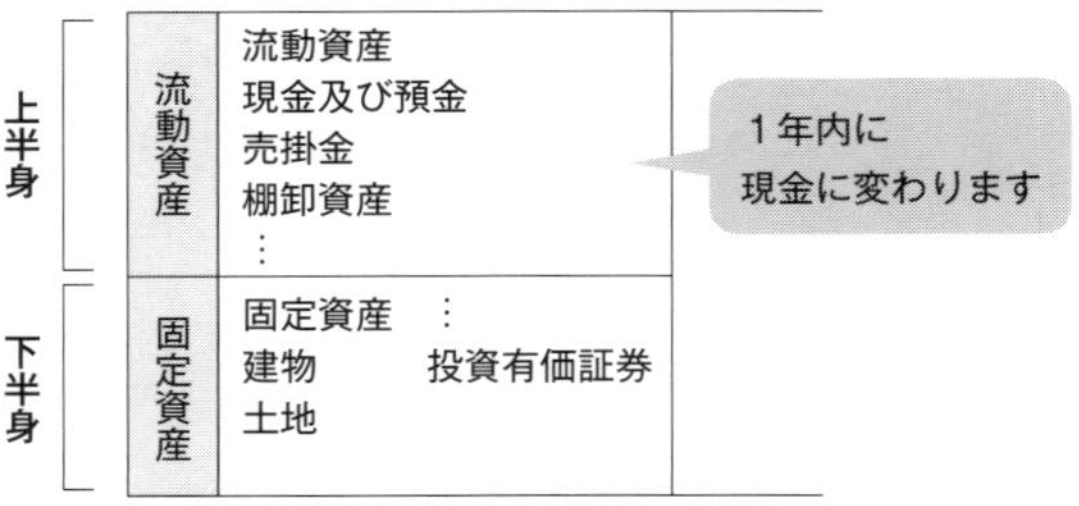

現金化するまでの時間（長い、短い）で上半身と下半身に分かれます。

分かれています。

■現金、売掛金、商品……1年以内にお金になるもの

資産の上半身には、すぐにお金になる財産が並んでいます。現金を筆頭に、売掛金、受取手形、材料、商品、製品……聞きなれない言葉もありますが、これらは、比較的すぐに、お金になるものです（言葉の意味は112ページをご覧ください）。

一方、資産の下半身に並んでいる財産は、お金に変えるのに、時間がかかるものです。

そして上半身は「流動」、下半身は「固定」と呼ばれます。

・流動資産……お金が流れるように動くもの
・固定資産……お金が固まって定まって動きにくいもの

流れるか？　固まるか？　その分岐点は「1年」です。

つまり、**お金になるのに1年以内のものを流動資産、1年超かかるものを固定資産**と、呼んでいるのです。

■不良債権が発生する会社の代表例①

①「とにかく売上をあげろ！」という売上至上主義の会社

→「営業は売るまでが仕事」「売った後は知らない」という意識
【対策】代金を回収しない限り、売上として認めないこと

② 営業マンが卑屈になっている会社

→督促をうるさく言って、お客様に怒られるのが怖い
【対策】「代金を払ってもらって、初めてお客様になる」と考えること

決算日から数えて1年を基準にし、上半身（流動）と下半身（固定）に分けるのが、貸借対照表のルールなのです。

■ **回収できない売掛金、腐った在庫はありませんか？**

資産は「価値があってお金に変えられるもの」といいました。でも、実は、お金に変えられないものもあります。例えば、決められた回収期日になっても、回収ができていない売上債権（売掛金、受取手形）です。

お客様は、お金を払ってくれるからこそ、お客様なのです。**回収できない不良債権には価値はありません**。また、季節商品、一時流行したデザイン、キャラクター商品などの在庫についても、時間が経てば、必ず売れなくなります。

つまり**売れない在庫（不良在庫）にも価値はない**のです。

不良債権や不良在庫は、早く処分したほうがよいのです。

■不良債権が発生する会社の代表例②

③ 営業マンがお人よしの会社

→「すぐに払いますから」という言葉を鵜呑《うの》みにして、だまされる。
【対策】未収金の回収手順をルール化しチェックすること

④ 当事者意識の弱い会社

→回収できなくても、どうせ会社のお金だからいいや！という意識
【対策】未収金があれば人事評価で営業マンの評価を下げること

■不良資産を見つけて、処分しよう

貸借対照表

科目	金額
流動資産	
現金及び預金	×××
受取手形	×××
売掛金	×××
原材料	×××
商品	×××
製品	×××
仕掛品	×××
前渡金	×××
立替金	×××
仮払金	×××
未収入金	×××
前払費用	×××
短期貸付金	×××
その他流動資産	×××
固定資産	
…	
…	

① 不良債権一覧表を作成する

相手先	金額	発生日	回収予定	回収日	状況
ABC 社	500	X年5月	X年6月	X年6月	回収済
PQR 社	300	X年5月	X年7月	X年7月	回収済
XYZ 社	300	X年5月	X年8月		未回収

② 半年前、1 年前の残高と比べてみる

相手先	1 年前	現在	差	コメント
aaa 社	1,000	100	△900	←減っていれば、まだ大丈夫
bbb 社	450	550	100	←取引量が増えていれば OK
ccc 社	200	200	0	←動きがない、大丈夫？

③ 倉庫にほこりをかぶったアイテムはないか？（現場調査）

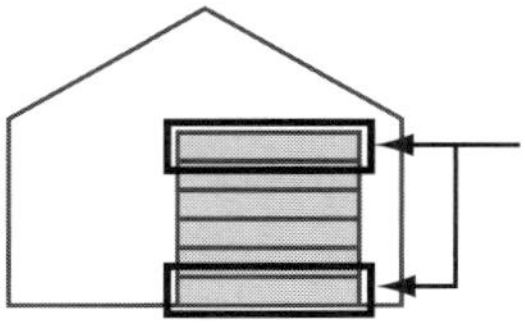

棚の上、下、奥…
とくに注意

不良債権や不良在庫は百害あって一利なし。

【資産の部】

20 財産リストの下半身、ムダはなかったか？〈固定資産〉

■お金に変わるのに時間がかかる資産が固定資産

さて、下半身の固定資産は、下欄のとおり、大きく３種類あります。固定資産のうち、何が大きいかは、業種によって違いますが、どれも、お金に変えるのに時間がかかります。

例えば、製造業で、自社工場をもち、機械等をたくさん入れていれば、有形固定資産の金額が多くなります。

テナントに入り、店舗を運営することが多い小売業、外食産業では、貸主に対して支払う保証金が多くなります。

■固定資産は３種類ある

貸借対照表

流動資産	
固定資産	
● 有形固定資産（目に見える）	･･･建物、機械、土地、備品など
● 無形固定資産（目に見えない）	･･･社内システムの構築費用、○○○権など
● その他投資	･･･株式（有価証券）、保証金、保険の掛金（積立金）など

固定資産は売却あるいは解約することで「お金」に変わります。

■豪華な建物、広い土地……ムダになっていないか？

人間も会社も、ぜい肉のないスリムな体型が健康的ですね。※**会社にとってのぜい肉**は、事業に必要のない資産のことです。そしてそれは、**固定資産に集まりやすい**のです。

例えば、土地は会社で持つ必要があるのでしょうか？

「地代を年間1000万円払っている土地を1億円で買わないか？と言われています。1億円なら地代10年分なので、おトクだと思うのですが……」

確かに、一見するともっともらしい考えです。しかし、土地は減価償却（52ページ）できないため、資産の部が膨らみます（①）。また立地条件は10年もたてば変わります（②）。固定資産税もかかってきます（③）。

さらに、この議論には、法人税の支払が抜けています。**法人税≒税引前当期純利益×30%**、でしたね（82ページ）。

■固定資産は本当に必要か？

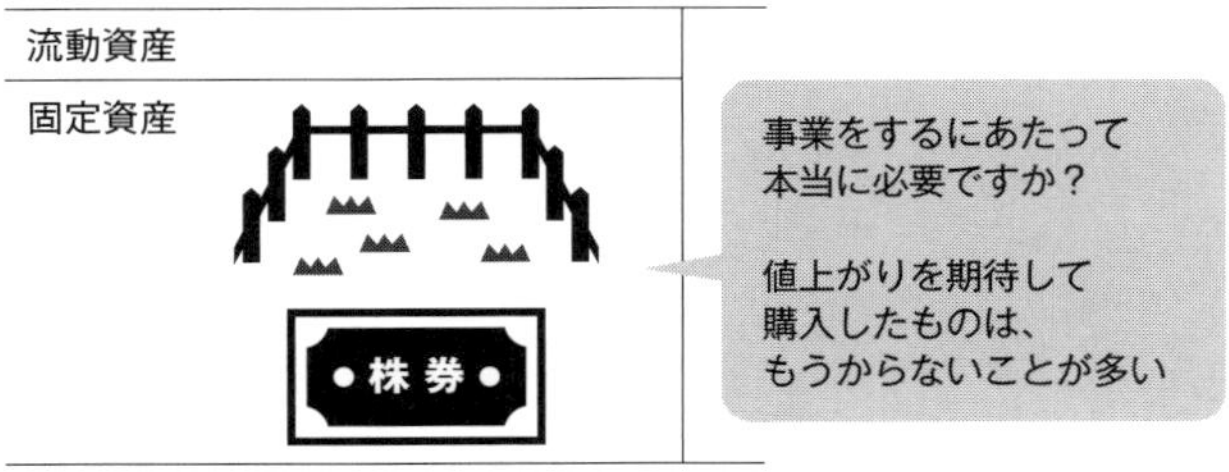

不要な資産はなくしてスリム化しましょう。

※本書では「社内埋蔵金」と呼ぶ。

地代で1000万円払えば、この税引前当期純利益が減ります。土地を購入した場合に比べて、**法人税の支払は、300万円減ることになります。**つまり、土地を借りた場合に出ていくお金は700万円になるのです。

こう考えると、議論の境目は、そもそも10年ではなくて、15年（1億円÷700万円≒15年）になるのです。

■有価証券、貸付金、下半身がふくらんでいる場合

固定資産の下のほう（投資その他の資産）には、本業に直接関係ないものが並んでいます。

「もうかりそうだから」と上場会社の株式や、投資ファンド（投資信託）を買えば、「投資有価証券」がふくらみます。

「長期貸付金」は誰に対するものでしょうか？　そしてそれは、確実に回収できるのでしょうか？

この〝投資その他の資産〟には、お金が眠ったまま、という資産が多いのです。ふくらみすぎに、ご注意ください。

■土地は買うべきか？ 借りるべきか？

前提条件	
	・１億円の土地を購入する　or　賃借する　を検討する ・賃料を除いた税引前当期純利益は10百万円である ・借りる場合は賃料を年間10百万円払うものとする

＜買う場合＞

税引前当期純利益 10 百万円 ×30%＝3 百万円

	買う	1 年目	2 年目	3 年目	4 年目	…	14 年目	15 年目
a	税引前当期純利益	10	10	10	10	…	10	10
b	法人税	▲ 3	▲ 3	▲ 3	▲ 3	…	▲ 3	▲ 3
c	土地取得	▲ 100	-	-	-	-	-	-
d(a~c計)	合計	▲ 93	7	7	7	…	7	7
dの累計	現金収支	▲ 93	▲ 86	▲ 79	▲ 72	…	▲ 2	※ 5

※現金収支が初めて「借りる場合」を上回り、有利になった

＜借りる場合＞

賃料 10 百万円があるため、税引前当期純利益は 0 になる
したがって、法人税も 0 になる

	借りる	1 年目	2 年目	3 年目	4 年目	…	14 年目	15 年目
a	税引前当期純利益	0	0	0	0	…	0	0
b	法人税	0	0	0	0	…	0	0
a+b	現金収支	0	0	0	0	…	0	0

①土地を買えば「資産の部」がふくらみます

②土地を買った場合、立地条件が変わっても、すぐにそこから動けません

③土地を買うと固定資産税もかかります

土地はできるだけ買わずに、借りるべき。

【負債の部】

他人資本では借入金の大きさに注目

21

■銀行、仕入先など……他人に払うお金が負債（他人資本）

貸借対照表の右上に並ぶ負債（他人資本）のルールも、資産と同じです。すぐに支払期限がくる負債は上半身、すぐにやってこないものは、下半身に並んでいます。

上半身を〝流動〟負債、下半身を〝固定〟負債といい、その分かれ目を1年としていることも、資産と同じです。

代表的な負債は、次の3つです。

①未払いの仕入代金…買掛金、支払手形（113ページ）

②運転資金としての借入金…短期借入金（返済まで1年内）

■他人に支払うお金（他人資本）を“負債”といいます

	区分	内容	支払先
負債	仕入債務	買掛金（113ページ）	仕入業者、下請など
		支払手形（113ページ）	
	借入金※ ※社債も含む	1年以内（短期）	銀行
		1年超（長期）	
	未払費用等	人件費、税金など	従業員、国など

借入金や社債は利子を払う負債のため、有利子負債といいます。

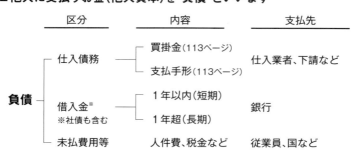

③設備投資する際の借入金…長期借入金（返済まで1年超）

②の〝運転資金〟は、事業を運転するための資金です。

事業は在庫を仕入れて、それを販売して、売上代金を回収するのが基本です。当然、従業員には毎月給料も払います。

このとき、売上代金を回収するよりも、在庫の仕入代金、人件費や経費の支払のほうが、タイミングとして早くやってきます。この**タイミングの差を埋めるお金が、運転資金**なのです。

■売上代金を早くもらえば運転資金は必要ない

この場合、**売上が増えるほど運転資金は必要になります**。

しかし、なかには運転資金が必要のない商売もあります。

家賃、授業料、手付金など、売上代金を先にもらう業界です。この場合は「前受金（建設業は129ページ）」が負債に記録されています（「売掛金の反対」ということで負債と考えてください）。

78ページのとおり、資金繰りを考えれば、売上代金は先にもらうことが理想です。

ちなみに「未払金」「未払費用」は、仕入代金以外（たとえば接待で使ったお店の飲食代や設備などの購入資金）の未払分を指します。

「～引当金」は〝やがて支払う必要のあるもの〟で、賞与や退職金の支払に備えて、計上されます（114ページ）。

■借入金が毎月の売上高の6倍以上なら要注意

負債のなかで、一番重要なのは「銀行からの借入金」です。**借入金が月商（年間売上÷12カ月）の3カ月以上**あるなら「黄色信号」、**6カ月以上**なら、「赤信号」といわれています。ただし、巨額の設備が必要な装置産業、不動産業は、業種的に、借入金がふくらまざるを得ません。

借入金が多くても、返済できる力があれば問題ありません。現在の**借入金を7年以内で返済できれば、大きな問題はない**といえます（詳しくは140ページをご覧ください）。

■売上が増えれば増えるほど、お金が足りなくなる？

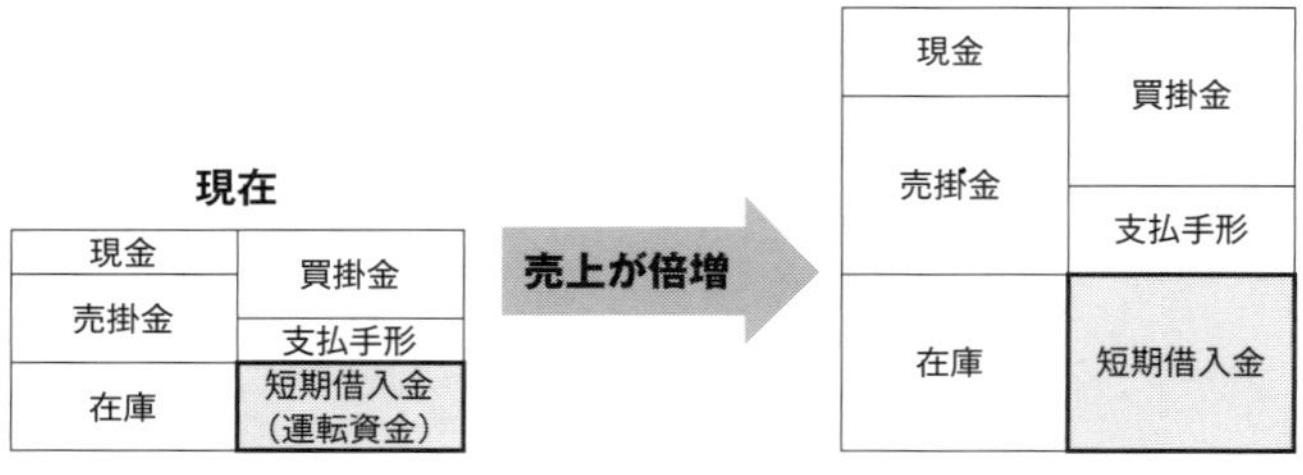

売上が増えても資金繰りは決して楽になりません。

■銀行借入金と月商を比較する

科目	金額
流　動　負　債	××××
短期借入金	×××
払手形	×××
買掛金	×××
短期借入金	×××
1年内返済予定長期借入金	×××　※1
未払金	×××
仮受金	×××
預り金	×××
未払法人税等	×××
固　定　負　債	××××
長期借入金	×××
社債	×××　※2

運転資金（短期借入金）

事業を運転するための資金。売上債権や在庫がお金に変わるまで時間がかかる場合は、これが必要になる。

設備資金（長期借入金）

建物や機械を買う場合など固定資産に投資するときは、長期資金で借入を行う。
※固定資産は時間をかけてお金に変わっていくため

<借入月商倍率の計算>

□ ÷月商（年間売上÷12カ月）

3倍	注意水準
6倍	危険水準
12倍	倒産間近

※1　契約は長期借入（1年以上の借入期間）だが、決算日から起算して、1年以内に返済期日が来るもの
※2　銀行に引き受けてもらう社債（銀行に返済すべきもの）

「借金があるのは信用の証」というのは勘違い。

【純資産の部】

自己資本は誰にも返済する必要のないお金

22

■資本金はポケットから出したお金です

自己資本は「ポケットから出したお金」または「自分で稼いだお金」の蓄積です。前者は「資本～」、後者は「利益～」という名前がつきます。

この自己資本、現在は〝純資産〟と呼ばれています。

「資本金」とは、会社を作った当時、あるいは会社を大きくするタイミングで、自分で出した、もしくは応援者（資本家）がポケットから出してくれたお金を指します。この応援者は、「お金を返してくれ」とは言いません。

■自己資本には、まぎらわしい名前がいっぱい

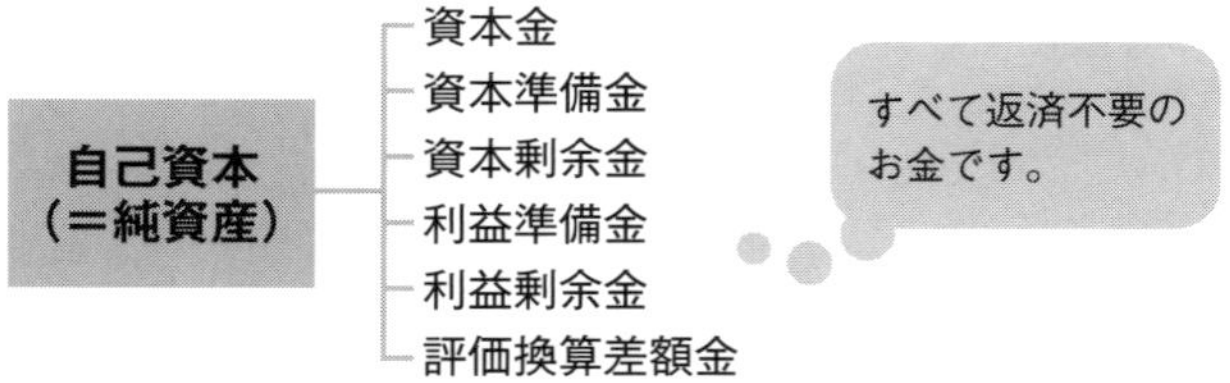

自己資本は多ければ多いほどすばらしい!

〝返済不要のお金〟という意味で、他人資本とは違うのです。「資本剰余金」も資本金と似たようなものとお考えください。

■ **利益剰余金は貸借対照表と損益計算書をつなぐ架け橋**

いっぽう、「利益剰余金」は**会社を設立以降、会社が稼いだ利益の合計**です。損益計算書でも利益は登場しましたが、それは、決算日を基準にした、たった1年間だけの成績でした。

損益計算書の当期純利益（税引後当期純利益）は、貸借対照表の利益剰余金にたまっていきます。つまり、利益剰余金を架け橋にして、貸借対照表と損益計算書はつながっている、といえるのです。

■ **利益剰余金は努力の蓄積。大きいほどすばらしい**

貸借対照表は、過去からの継ぎ足しでできています。な

■最近増えているM&A(会社売買)のポイントは自己資本

後継者不足などで会社を売却する場合…

会社の価値	**＝**	**自己資本**	**＋**	**のれん代** **(営業キャッシュフロー　3～5年分)**

※75ページ参照

会社の価値を決めるのは売上ではなく自己資本です。

ので、利益剰余金とは、創業から現在までに蓄積した利益、つまり頑張った努力の結晶といえるのです。

毎年利益を稼いでいる会社は、これがたくさんあります。反対に業績が鳴かず飛ばずなら、利益剰余金はほとんどありません。赤字が続けば、これはマイナスになります。

■「剰余金の分だけ現金がある」は大きな勘違い

剰余金という名前をみると、「会社に金が余っている!」と勘違いする方がいます。しかし、この剰余金は、その金額がまるまる会社に残っているわけではありません。

個人でお考えください。いままで稼いだ給料はそのまま現金で残していますか? 自動車、自宅、洋服などに使われて、消えているはずです。

つまり、**利益剰余金は姿を変えて、現金では残っていない**ということなのです。どうか、このことをご理解くださ い。

■利益と利益剰余金と現金の関係を確認しよう

貸借対照表

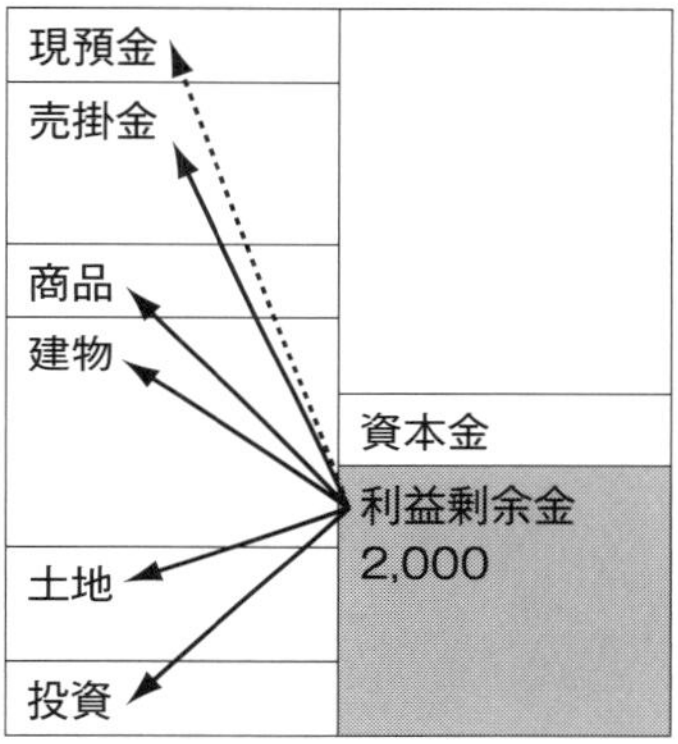

"剰余金"といっても
その分の現金が
会社に余っているわけでは
ありません。
過去にその金額を稼いだ、
ことを表しているだけです。
在庫、固定資産、投資など、
いろいろなものに姿･形を
変えているのです。

創業時からの利益の蓄積

損益計算書

※配当した場合は
配当後の金額が貸借対照表に向かいます

科　目	1年	2年	3年	…	10年
【売上高】	1,000	1,000	1,000	…	1,000
【売上原価】	200	200	200	…	200
売上総利益	800	800	800	…	800
【販管費】	300	300	300	…	300
営業利益	500	500	500	…	500
【営業外収益】	100	100	100	…	100
【営業外費用】	100	100	100	…	100
経常利益	500	500	500	…	500
【特別利益】	200	200	200	…	200
【特別損失】	300	300	300	…	300
税引前当期純利益	400	400	400	…	400
【法人税等】	200	200	200	…	200
当期純利益	**200**	**200**	**200**	…	**200**

当期純利益は利益剰余金にたまっていきます。

23 掛、手形、在庫、引当金…つまずく言葉を押さえる

■支払いをツケにする「掛取引」は信用の裏返し

飲食店へ行くと、「支払はツケで」という場合があります。会社同士の取引でも、商品やサービスをお客様に売上げても、代金をすぐに回収するようなことはしません。相手のことを信用しているためです。これを「掛取引」と呼んでいます。

売上代金は現金や〝手形〟で回収しますが、このとき売上げてから回収するまでの売上代金のことを〝売掛金〟と呼んでいます。

■売上から現金になるまで

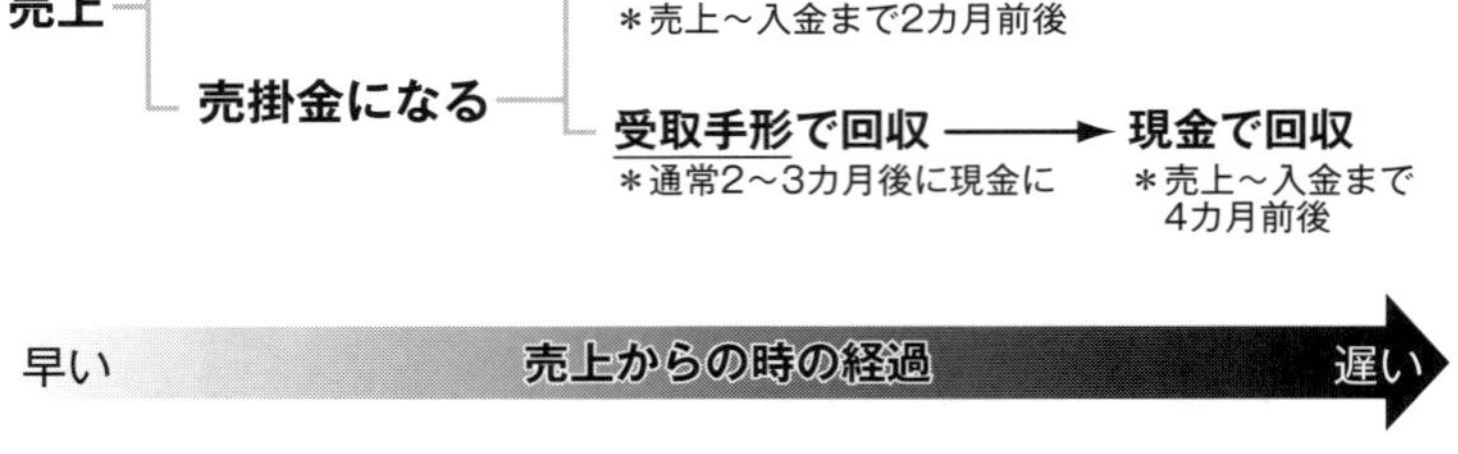

売上は少しでも早く、現金で回収を。

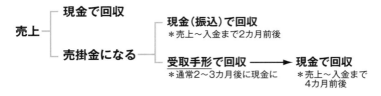

反対に、仕入を行ってから、現金や手形で支払うまでの、仕入代金のことを〝買掛金〟と呼んでいます。

■支払期日が長い「手形」は時間をかけてなくす

先ほど「掛取引は現金か手形で回収する」と言いました。手形とは「○月○日に貴方に××円を支払います」と約束した証書です。××円の現金が1枚の紙に姿を変えているのです。

手形はサイト（発行日～決済日）が長いのが特徴です。

支払までの時間が長い〝支払手形〟は、お金がない会社からすれば、ありがたい存在です（78ページ）。しかし、売上代金を受け取る側からすれば、〝受取手形〟はうれしくありませんね。ちなみに、支払手形を振り出した場合、6カ月以内に**2回続けて期日通りに支払えなければ**不渡手形となってしまい、**倒産になります**。

受取手形も支払手形も、どちらも怖いものなのです。

■約束手形は日本独特の決済手段です

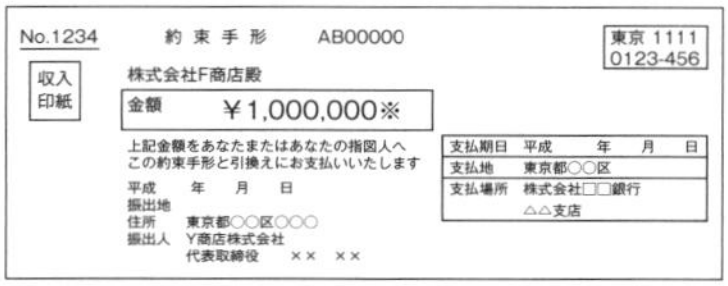

・多額の現金を持ち運ばずに済む
・振り出し～現金決済までの時間が長い
・支払側に利息がつかない
・2回続けて決済できなければ銀行取引が停止する（≒倒産）

受取手形も支払手形も、なくすように努力を！

■「在庫」という科目は貸借対照表にはない

多くの商売では「在庫」を持っています。でも、貸借対照表を見ても、そんな名前はありません。

在庫とは〝倉庫に在るもの〟とイメージしてください。

半製品、貯蔵品、副資材など、聞きなれないものも在庫に入りますが、これらはまとめて「棚卸資産」とも呼ばれます（建設業は129ページ）。

■将来出ていくお金は「引当金」で計上

退職金やボーナス（賞与）など、将来、出ていくお金をある程度、正確に見積もることができる場合には「～引当金」として、負債に載せることがあります。

一方、資産の部を見ると、「貸倒引当金▲××」と見かけることがあります。これは売掛金や受取手形等のうち、得意先の倒産などで、将来回収できないと予測した金額です。

■在庫の範囲は幅広い

原料・材料	仕掛品	商品	半製品	貯蔵品
・製品を製造するための部品 ・建物を建設するための資材	・製造途中のアイテム ・建設途中のビル	・お客様に販売するアイテム（仕入商品）	・製品の一歩手前の状態でも販売できるアイテム	・包装材料、工具、消耗品など

これらはすべて倉庫に保管される（在る）アイテムです。

■在庫、引当金は種類が豊富

（単位：千円）

科　目	金　額	科　目	金　額
流動資産	××××	**流動負債**	××××
流動資産	×××	短期借入金	×××
現金及び預金	×××	支払手形	×××
受取手形	×××	買掛金	×××
売掛金 ①	×××	未払金	×××
原料	×××	未払費用 ③	×××
材料	×××	賞与引当金	×××
製品	×××		×××
商品	×××	**固定負債**	××××
仕掛品	×××	長期借入金 ④	×××
半製品	×××	退職給付引当金	×××
製品	×××	その他固定負債	×××
貯蔵品	×××		
副資材	×××		
前渡金	×××		
未収入金 ②	×××		
貸倒引当金	△×××		
		負債合計	××××

①倉庫にあるようなものはすべて在庫。　別名、棚卸資産。

②売掛金、受取手形のうち、回収できないと見積もることができる額

③次の賞与支給額を、月割して計算した金額

④将来の退職金支給額を、現在の価値に表した金額

引当金の4要件

①**将来の費用または損失**
②**その発生原因が当期以前にあり**
③**発生の可能性が高く**
④**金額が合理的に見積もれるもの**

4つの要件を満たせば引当金に計上します。

24 貸借対照表を面積図で「グラフ化」する

さて、ここからは貸借対照表を、数字ではなく図で考えるための具体的な手順を説明していきます。電卓、色鉛筆、目盛りがたくさんある（100行以上）用紙をご準備ください。方眼用紙でもいいですし、エクセルで目盛を作成、印刷したものでも結構です。

■STEP1　グラフを作るための下ごしらえをする

①　まず、前年（前期）の決算書をご用意ください。「試算表」という途中の決算書ではなく、正式な決算書をご用意ください。

■STEP1：3ケタで考えれば十分です

（単位：千円）

科　目	金　額
流動資産	222,~~222,222~~
現金及び預金	123,~~456,789~~
受取手形	11,~~111,111~~
売掛金	888,~~888,888~~
商品	750,~~750,750~~
前渡金	3,~~213,213~~
前払費用	19,~~800,000~~
立替金	~~500,000~~
⋮	⋮

1円単位まで計算しても上 3 ケタで計算しても結果的に、大きな差は出てきません。

② ケタを削って、桁数を3ケタ程度にします。切り捨て、四捨五入でもかまいませんがケタを減らしてください。削るときは下3ケタ、あるいは6ケタを削りましょう。

③ ②の結果、1ケタにもいかないものは、「0」にします。

■STEP2 グループ分けをする

ルールはありませんが、同じような項目は、次のようにまとめると、スッキリします。

① 流動資産の部

・現金、××預金→「現預金」にまとめる

・貸倒引当金（△）→「売掛金」からマイナスする

・原材料、仕掛品、商品、(半)製品、貯蔵品→「在庫」に

なお建設業の場合は未成工事支出金が、不動産業の場合は販売用不動産や仕掛不動産が在庫になります。

② 固定資産の部

・建物、建物附属設備、構築物→「建物・構築物」に

■STEP2：減価償却累計額があれば計算を工夫する

各金額の大きさに応じて按分

資産の部		調整	修正後
⋮	⋮		
有形固定資産	**7,200**		
建物	1,400	▲280	1,120
建物附属設備	300	▲60	240
構築物	300	▲60	240
機械及び装置	400	▲80	320
車両運搬具	50	▲10	40
工具器具・備品	50	▲10	40
土地	5,200		
減価償却累計額	▲500		
⋮	⋮		

☜土地は減価償却対象外

貸借対照表に「減価償却累計額」がない場合、それぞれの種類ごとにすでに減価償却費が控除されている。したがって左のような調整は必要ない。

「減価償却累計額」の表示方法は会社によって違います。

・機械装置、車両、器具備品→「機械・車両・備品」
※減価償却累計額（△）がある場合は注意が必要です。これは右記の資産の減価償却費（50ページ）の合計額です。この場合は、それぞれの固定資産の金額の割合に応じて、このマイナス金額を（△）振り分けてください。正確ではありませんが簡便的にこの方法で計算してください。

③　資本（純資産）の部
・「資本金」以外のすべて→合計して「剰余金」へ

■STEP3　大きいものをチェックする

ＳＴＥＰ２でまとめた項目以外で金額が大きいものがあればチェックしてください。次のようなものが現れます。
（流動資産）売掛金、受取手形、未収入金
（固定資産）土地、投資有価証券、保証金、保険積立金
（流動負債）買掛金、支払手形、短期借入金、未払金
（固定負債）長期借入金、社債、預かり保証金
なお、建設業の売掛金は「完成工事未収金」、不動産業

の場合は単に「未収金」が売掛金を指すことがあります。また建設業の場合は「未成工事受入金」が目立つ場合があります。これは工事が未了でも施主から代金をもらっている、つまり前受の工事代金のことです。

■STEP4 「その他」をまとめて10個のグループに

金額の大きいグループにチェックを入れていくと、ポロポロと、あまりものが出てきてしまいます。

それらは、「その他」にまとめておきましょう。

流動資産、固定資産、流動負債、固定負債の区分ごとに、それぞれ「その他」をつくってください。

左側（資産）と右側（負債・純資産（自己資本））で、それぞれ10個程度に収めると、グラフが作りやすくなります。

■STEP5 電卓をたたく

さて、次にグループごとの面積の大きさを計算します。

■STEP4：金額が少ないものは、まとめて「その他」に

全体図（6ページ）の貸借対照表の要約　（単位：千円）

科　目	金　額	科　目	金　額
現預金	1,800	支払手形	900
受取手形	1,800	買掛金	1,800
売掛金	4,150	短期借入金	4,000
在庫	3,300	未払費用	700
その他流動資産	250	その他流動負債	1,000
建物・構築物	1,600	長期借入金	5,400
機械、車両、備品	400	その他固定負債	1,200
土地	5,200		
投資有価証券	700	資本金	200
その他投資	800	剰余金	4,800
資産合計	20,000	負債・純資産合計	20,000

①　全体における各グループが占める割合（%）を電卓で計算します

（各グループの金額）÷（資産の合計額）×100＝○・○

計算結果はキリのよい数字にしてください（四捨五入）。

（例）5・3→「5」　10・6→「11」

②　各グループの数字を足すと100になりません。「その他」を1つ増やす、もしくは減らすことで、全体を100にしてください。**「1」違っても問題ありません。**

③　最後に、売上高の大きさを貸借対照表と比べてみます。

（損益計算書の売上高）÷（資産の合計額）×100＝○・○

電卓を使うのは、以上で終わりです。

■STEP6　グループごとに色を塗れば完成

さて、ここからは色鉛筆が主役です。

①　目盛用紙を準備し、メモリを100個、とります。

■STEP5：電卓をたたいてマス目の大きさを計算する

※119ページの要約を使って計算しましょう

$$\frac{\text{各グループの金額}}{\text{総資産の金額}} \times 100 = \square\square.\square$$

マス目の数

例）現預金の場合　$\frac{1{,}800}{20{,}000} \times 100 = 9$

$$\frac{\text{売上高}}{\text{総資産の金額}} \times 100 = \square\square.\square$$

一番左の棒グラフの大きさ

$$\frac{30{,}000}{20{,}000} \times 100 = 150$$

② グループ別に目盛の数を上から順に塗りましょう。面積図の構成は貸借対照表の並べ方と同じようにしてください（つまり現預金が左上にくる）。隣り合うグループは違う色にしてください。

③ 流動資産、固定資産、流動負債、固定負債、自己資本という区分けでも、色分けをしていきます。

④ STEP5の売上高の大きさは棒グラフで表します。

売上高の色は目立つように赤色にしておきましょう。

これで、面積グラフの完成です。会社をスリムにするには、面積グラフを見て、どこにぜい肉がついているか、把握することが最初の一歩です。

123ページの図は冒頭7ページの面積図と同じものです。どこにぜい肉※がついているか、チェックしましょう。

ぜい肉は売上債権（売掛金や受取手形）、在庫、土地につきやすくなります。売上債権なら月商の何カ月分、在庫なら

※本書では「社内埋蔵金」と呼ぶ。

毎月の売上原価の何カ月分かを計算してください。売掛金や受取手形が多ければ不良債権がないか、回収条件を変更できないかなどを検討してください。

在庫が多ければ不良在庫を処分することや、アイテム数を絞るなど、在庫を圧縮する必要があります。

借入金が多い会社は139ページも参考にしてください。

売上の棒グラフと比較して貸借対照表の全体（総資産）を抑えることです。面積グラフを過去5年分あるいは過去10年分作ってみて、横一列に並べてみてください。

貸借対照表は1年単位では大きく変化しませんが、5年、10年と並べてみると、体型の違いがはっきり現れてきます。

売上が減っているにも関わらず、売掛金、受取手形、あるいは土地や投資が増えていれば、〝問題あり〟です。

■会社のどこに、ぜい肉がついていますか？①

左記のような会社の場合、「売上債権（受取手形、売掛金）」「棚卸資産」「土地」の３つの面積が大きい

① 売掛金、受取手形は、月商（毎月の売上）の何カ月分あるか？

② 棚卸資産は、毎月の売上原価の何カ月分あるか？

③ 土地はすべて必要か？ 使っていない土地はないか？

などの検討が必要となる

■会社のどこに、ぜい肉がついていますか？②

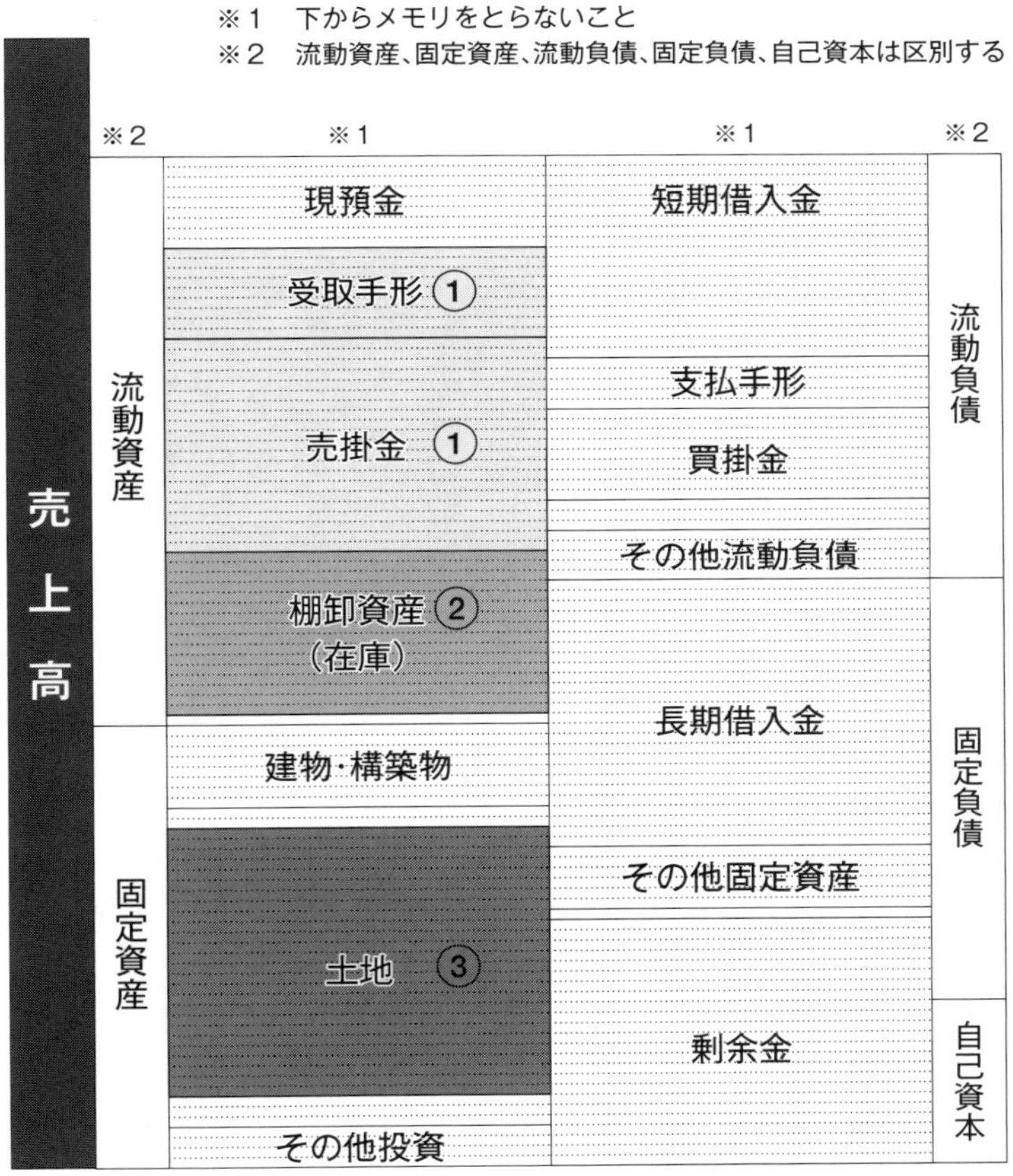

総資産を縮めて筋肉質な会社を目指しましょう。
（127ページで改善例を示しています）

25 欠点は現在の価値（時価）がわからないこと

■貸借対照表に載っている金額は取引当時の金額

貸借対照表は創業時からの継ぎ足しでできています。そのため、貸借対照表には**「取引当時の金額」が載っています**。バブルのときに土地を1億円で買っていたなら、貸借対照表には、現在も1億円が載り続けています。

しかし、現在その土地は本当に1億円の価値がありますか？　おそらく時価（現在の価値）は半分以下でしょう。

つまり、貸借対照表では**「資産の時価＝真実の姿」が正確にはわからない**のです。

■地価（土地の値段）の推移

東京都の平均公示価格の推移

※東京都財務局の地価公示データをもとに作成

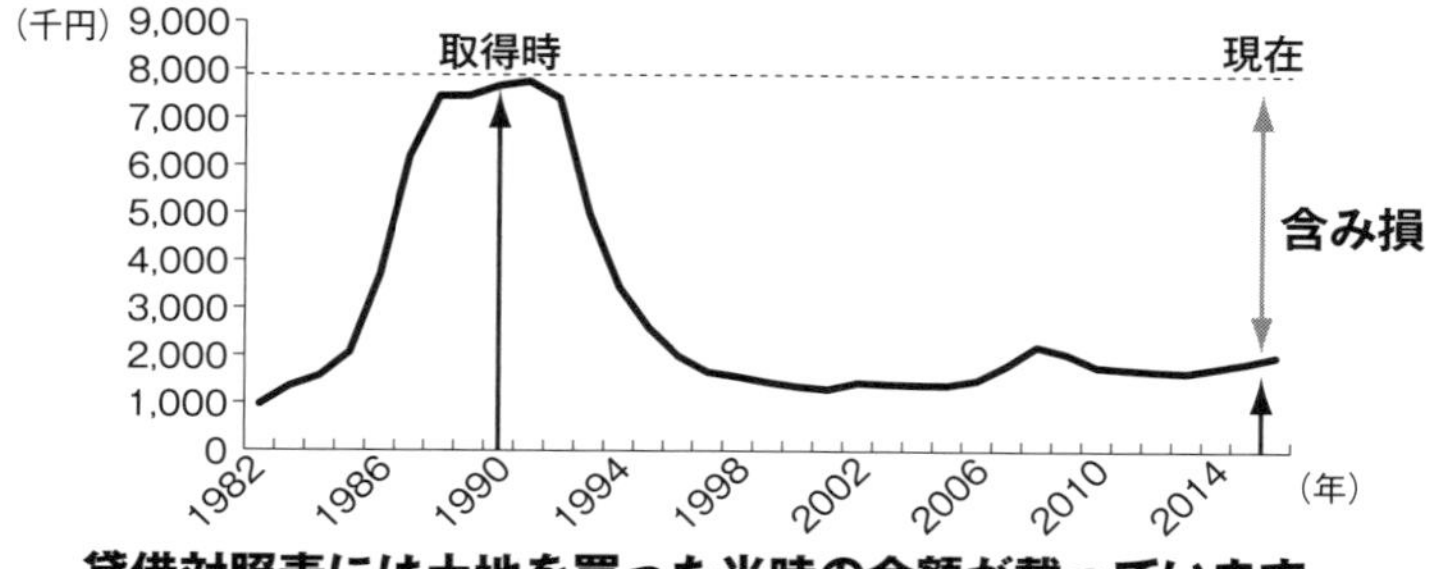

貸借対照表には土地を買った当時の金額が載っています。

■人間はついついミエをはる

人間というのは、どこまでいっても「ええかっこしい」です。経営者も例外ではありません。経営者のなかにはすっぴん（会社の真実の姿）を隠そうとする方がいます。

経営者が「資産は大きいほうがいい」「損を出すのは恥だ」と考えてしまうと、損失を隠してしまうのです。

時価が貸借対照表の金額より低い場合、**マイナスの差額を含み損と呼びます**。売掛金や貸付金といった債権や在庫で、この〝含み損〟を隠すケースが目立つのです。

貸借対照表を見て、債権や在庫の金額が目立つようなら「貸借対照表は、真実の姿（すっぴん）を表しているか？」と、疑うことも、ときには必要なのです。

■売掛金、在庫、土地……本当の価値はいくらか？

貸借対照表に載っている金額と、真実の姿（時価）が離れているものには大きく3つあります。先ほど説明したとおり、土地に加えて、在庫や売掛金、貸付金にも注意が必要です。98ページで説明したような不良在庫といえども、貸借対照表には当時に買った金額、製造するのにかかった金額が載っています。

売掛金や貸付金も同じ話です。得意先にお金がなく、回収の見込みがない（評価は0円）売掛金でも、貸借対照表には取引当時の金額が載ったままという場合があります。

同じく、貸付先から返済してもらう見込みのない貸付金でも、貸借対照表には貸付金額がまるまる載っています。

帳簿と現実は、必ずしも一致しないのです。

この含み損を抱えた資産こそ、ぜい肉※です。これを取り除いて、ムダのない、筋肉質の会社にすること、これが大切なのです。

■会社のどこに、ぜい肉がついていますか？①

1 売掛金、受取手形･･･不良債権処分、回収期間の早期化など

2 棚卸資産･･･不良在庫の処分、発注ロット、リードタイム、適正在庫量、アイテム数の見直しなど

3 土地･･･使っていない土地を売却して現金化する

4 借入金･･･①～③の対策を通じて増やしたお金で返済する

※本書では「社内埋蔵金」と呼ぶ。

■会社のどこに、ぜい肉(社内埋蔵金)がついていますか?②

下記は123ページの面積グラフです。

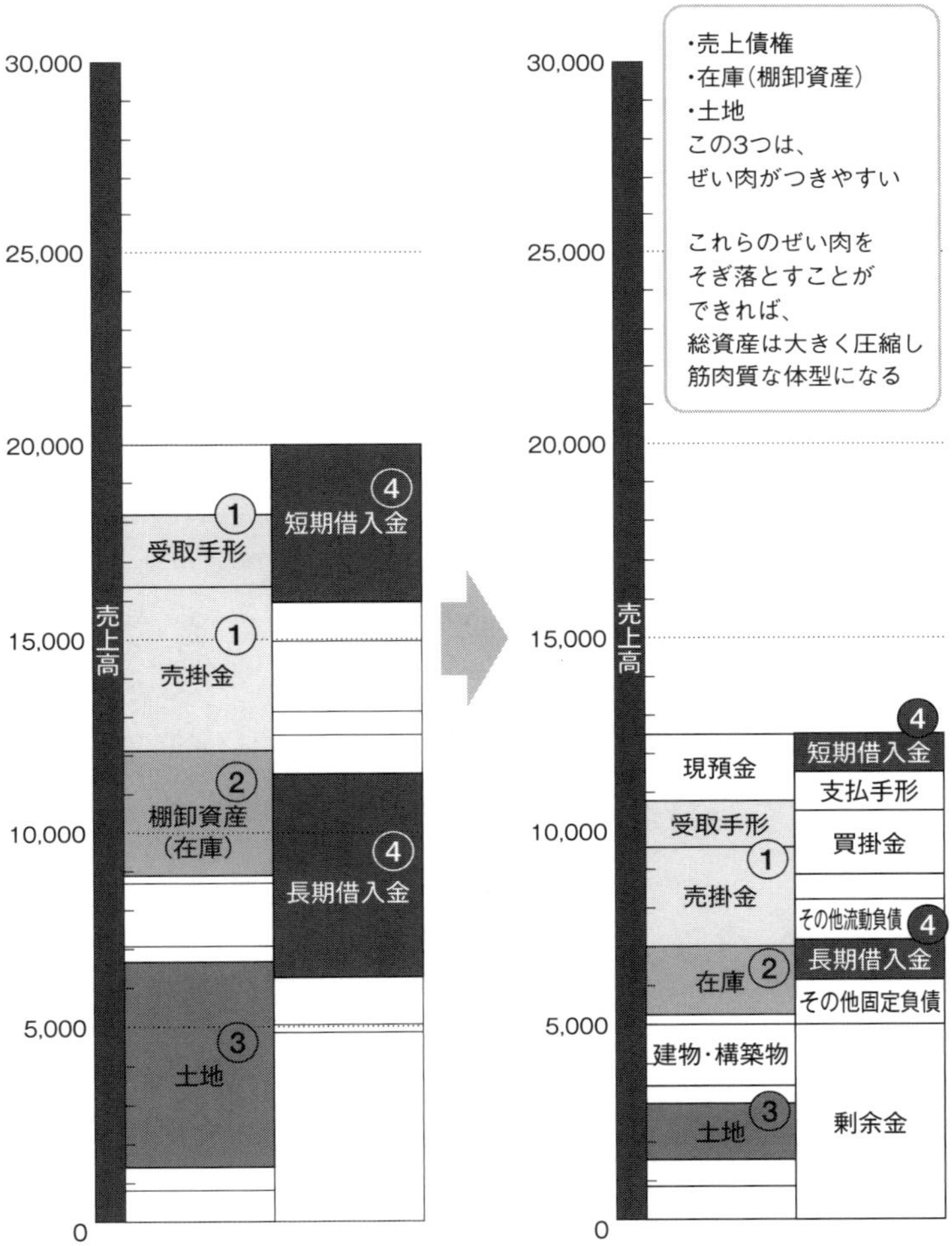

左側(資産)を早く現金化して、
右側(借入金)を減らしましょう。

COLUMN 4

建設業は一味違います

いろいろな業界を見ていて、「変わっているなー」と感じるのが建設業です。建設業に携わっている方はとても多いのですが、他業種に比べると、商習慣が少し変わっています。製造業とちがって、物件を建設している期間（工期）が長いことが一つの要因でしょう。

たとえば、売上代金（請負金額）の受取方法です。ゼネコンでも、ハウスメーカーでも、代金の受け取り方法は着工時、中間時（上棟時）、完成引渡時と、3回に分ける場合が多いですね。回収割合は、着工時10%、中間時10%、完成引渡時80%という会社もありますし、それぞれ3分の1ずつ、という会社もあります。キャッシュフローの観点からは、当然、早い段階でできるだけ多くもらうことが望ましいのは言うまでもありません。

この商習慣と同じように、貸借対照表の科目の名前も、他の業種と比べると、少し変わっています。

建設業の貸借対照表

	資産の部		負債の部		
	現金預金	×××	支払手形	×××	
	受取手形	×××	工事未払金	×××	
売掛金☜	完成工事未収入金	×××	短期借入金	×××	
	原材料	×××	未払金	×××	
在庫（仕掛品）☜	未成工事支出金	×××	未成工事受入金	×××	☞前受金
商品☜	販売用不動産	×××	預り金	×××	
	⋮	⋮	⋮	⋮	

建設業の貸借対照表は一味違います

たとえば、工事の完成前に代金を受け取った場合は、〝前受金〟になりますが、建設業の貸借対照表では、これを「未成工事受入金」と表します。いっぽうで、工事が完成していても、代金を受け取っていない場合は、貸借対照表に「完成工事未収入金」として計上されます。他の業種でいう〝売掛金〟ですね。未完成の工事に関するものは〝未成工事〟、完成した工事に関するものは〝完成工事〟ということです。

建設業の工期は、他の製造業からすると長いですが、ゼネコンが手掛けるような巨大案件を除けば、工期は1年に満たない工事がほとんどです。この場合、工事にかかる鉄骨などの材料費、現場で働く職人の人件費、その他、現場で発生するあらゆる経費は、すべて貸借対照表の「未成工事支出金」に載ってきます。〝未完成の工事において支出されたお金〟が集められるとお考えください。これが、他の業界でいう在庫（仕掛品）ですね。

やがて工事が完成して引渡まで完了すると、この未成工事

建設業の損益計算書

科目	金額
完成工事高	100,000
完成工事原価	50,000
売上総利益	50,000
販売費および一般管理費	

建設現場で発生した原価は、
「完成工事原価報告書」
にまとめられます。
※製造原価報告書の仲間です

建設業の損益計算書も一味違います

支出金は、損益計算書の「完成工事原価」に振り替わります。いわゆる売上原価です。あわせて、工事金額（請負価格）が「完成工事高」に計上されることになります。

不動産業でも科目が若干異なる

さて、建設業を営む会社では、不動産業も並行して展開している会社も少なくありません。

不動産業の場合、自社物件を賃貸して家賃を受け取っている場合もあれば、物件を管理することで手数料をもらっている場合もあります。あるいは土地や物件を仕込んで（取得して）、それを販売することで利益を得ている会社もあります。この土地や物件は、貸借対照表では「販売用不動産」として表されます。他の業界でいう在庫（商品）ですね。

このように建設業や不動産業は貸借対照表の科目が少し違っています。ただし、変わっているのは、これぐらいでその他の科目については、他の業界と同じです。

不動産業の貸借対照表

	資産の部		負債の部	
	現金預金	×××	支払手形	×××
売掛金☜	未収入金	×××	短期借入金	×××
在庫（仕掛品）☜	販売用不動産	×××	未払費用	×××
在庫（仕掛品）☜	仕掛不動産	×××	⋮	⋮

不動産業の貸借対照表も少し違います

第 5 章

4つのポイントで実際に見てみよう

経営指標は数多くあるが、ほとんどが“枝”にすぎない。
数式を暗記するなら4つの幹を根本的に理解すべきである。

26

わが社はもうかっていますか？〈収益性〉

■会社の実力を見るには経常利益で

「もうかっていますか」と聞かれたらどこを見ますか？

著者は**経常利益**を見るようにしています。なぜなら経常利益は「**毎期安定してもうける力**」を表しているからです。

「もうけの指標は当期純利益だ！」という方がいます。

しかし、当期純利益（税引後当期純利益）には、その期だけ、特別に〝たまたま〟発生した利益や損失が入ってしまっています（特別損益。40ページ）。会社の実力を測るなら、〝たまたま〟という異常値は、取り除かなければなりません。

■「安定して稼ぐ力」こそ実力

損益計算書	金　額	
売上高	××××	
売上原価	××××	
売上総利益	××××	
販売費及び一般管理費	××××	
営業利益	××××	
営業外収益	××××	
営業外費用	××××	
経常利益	××××	← 安定して稼ぐ力
特別利益	××××	特殊要因
特別損失	××××	
税引前当期純利益	××××	
法人税、住民税及び事業税	××××	
当期純利益	××××	

■「少ない資産でたくさんもうける」が本当の収益性

会社の数字を考えるときは、規模（金額）でなく率で考えることがポイントだ、とお話ししました（19ページ）。「売上高に対する経常利益額の割合、つまり〝売上高経常利益率〟が一番重要なのですね！」という声が聞こえてきそうです。惜しいです。半分正解、半分間違いです。

企業の収益性は「総資産経常利益率」とお考えください。

ROA（Return On Assets）と呼ばれ、分母に「総資産」が、分子には、「経常利益額」がきます。

この意味は、〝少ない資産で効率的に利益を上げる〟です。ROAは、世界でも共通の経営指標（グローバルスタンダード）です。10％を目標にしてください。

■回転の速い店は儲かります。会社も同じ

このROA、実は2つの指標に分解できます。

■ROAは「利益率」と「回転率」に分解できる①

$$\text{ROA} = \frac{\text{経常利益高}}{\text{総資産}}$$

$$= \underbrace{\frac{\text{経常利益}}{\text{売上高}}}_{\text{売上高経常利益率}} \times \underbrace{\frac{\text{売上高}}{\text{総資産}}}_{\text{総資産回転率}}$$

ROAの目標は10％です。

ROA ＝売上高経常利益率 × 総資産回転率

「売上高経常利益率は、半分正解」というのは、このためです。

後ろの総資産回転率とは何でしょうか？ １２３ページの面積グラフを見てください。そして、売上高と貸借対照表の大きさを比較してください。売上高が貸借対照表の何倍あるか？ ですね。これが総資産回転率なのです。

これは、見方を変えれば、**貸借対照表の左側（総資産）を使ってこれだけの売上高をあげた**、ということです。繁盛している飲食店は、少ない席数（資産）で大きな売上をたたきだしますね。こういうお店は「回転がいい」と言われますが、それと同じです。

この回転率、業種によって目標値が違います（下欄参照）。

商売は、利益率と回転率の組み合わせで考えていただきたいのです。**利益率より回転率を高めるほうが簡単です。そのためにも、貸借対照表を重視してください。**

■主な業種での回転率の目標

業種	回転数	特徴
ホテル業、病院、不動産業	1回転	建物（土地）が必要
製造業	2回転	売掛金と在庫、製造設備が必要
建設業	2回転	売掛金、在庫（工事途中）が多い
卸売業	2.5回転	売掛金と在庫がふくらむ
小売業、外食産業	3回転	現金商売のため、売掛金はない。 在庫は少なめだが、内装（建物）、保証金が必要
サービス業	5回転	とくに資産は必要ない

■ROAは「利益率」と「回転率」に分解できる②

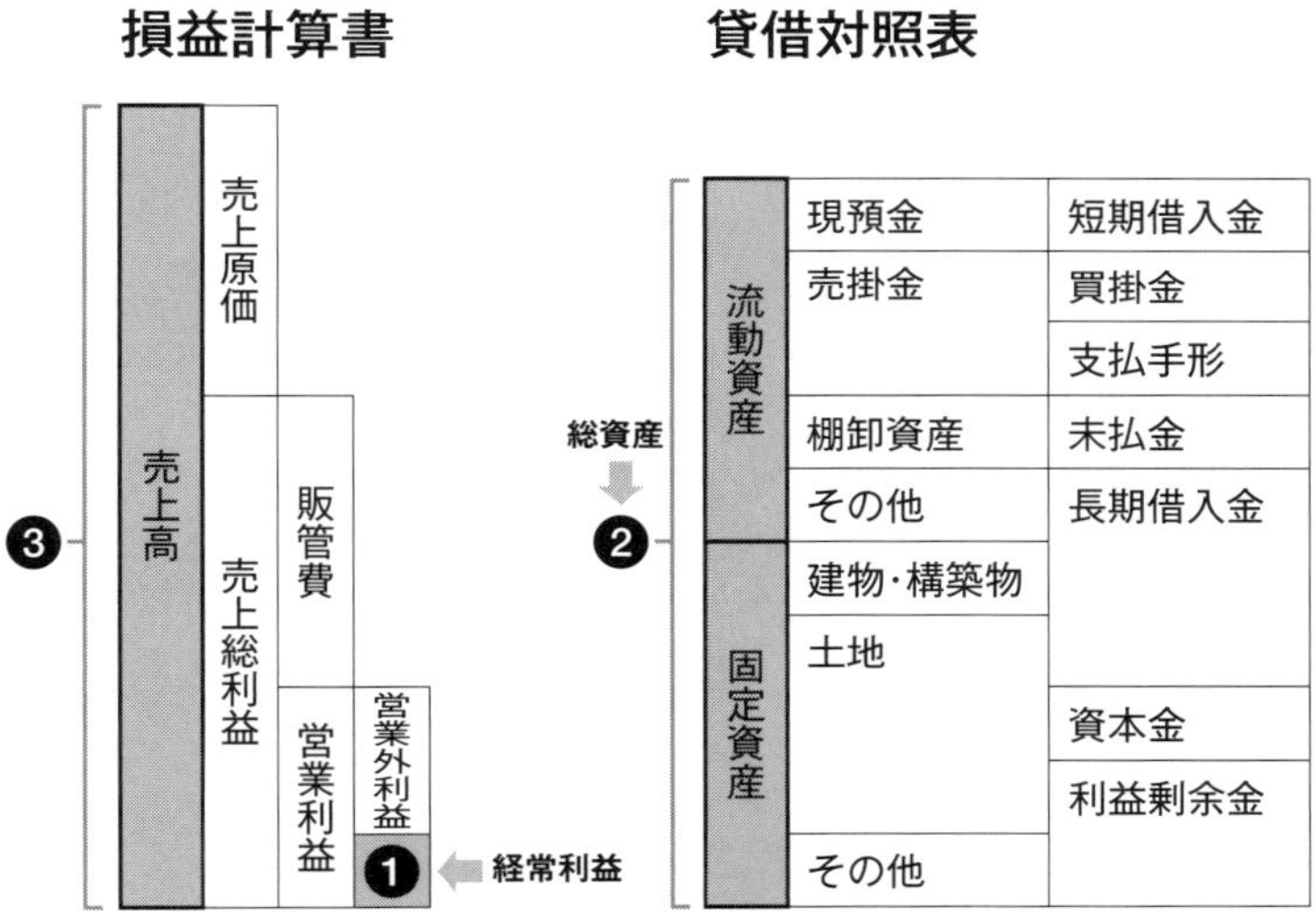

経常利益は 売上高の何%？	×	総資産を使って 何倍の売上高をあげるか？
❶ / ❸	×	❸ / ❷
売上高経常利益率 ☞簡単に改善不可		**総資産回転率** ☞資産を圧縮すれば改善 （139ページ）

収益性の改善策は「ムダな資産の圧縮」。

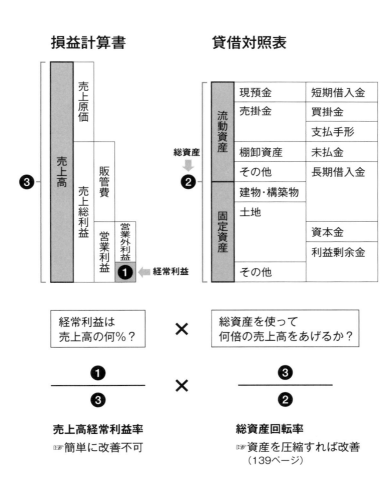

あの会社はつぶれないですか？

〈安全性〉

27

■**人間も会社も下半身が強ければ倒れません**

もし得意先がつぶれたら売上代金が回収できません。あるいは株式の投資先がつぶれたら、これまでにつぎ込んだお金は水の泡になります。だから、決算書を見て「会社がつぶれないか？」を判断することが大切になります。

面積グラフは会社の体型を表すといいました。私たちは容姿を見る際、上半身に目がいきがちです。でも、大事なのは下半身です。**右下の純資産（自己資本）にご注目ください**。これが大きければ大きいほど、その会社の安全性は

■下半身（自己資本）は安定していますか？

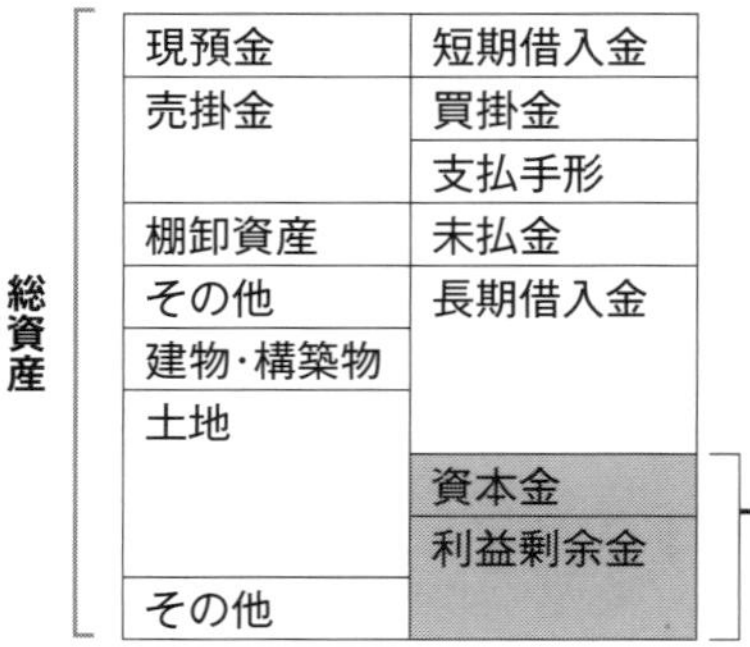

比率	目安
10%	危険
20%	注意
30%	合格
50%	目標
70%	強力

自己資本比率

$$\frac{\text{自己資本}}{\text{総資産（資産合計）}}$$

高い、といえるのです。

■安全な会社は自分のお金で資産を買っている

貸借対照表の右下の自己資本が全体（総資産）に占める割合を「自己資本比率」と呼びます。これが少ないと下半身が安定しないために、吹けば飛ぶような、何とも頼りない体型になってしまいます。

自己資本比率は30％以上で合格、50％以上が目標です。下半身がしっかりしていれば倒れにくいのです。人間と同じです。

大規模な投資が必要な不動産業や装置産業、銀行では、どうしても自己資本比率が低くならざるを得ません。

しかし、どんな業種であれ、自己資本比率が1ケタなら、会社の状態はかなり不安定であるといえます。

自己資本比率が少ない会社は必ず借入金が多いのです。借入金が多い会社は倒産予備軍なのです（68ページ）。

■無借金経営を目指しましょう

最もつぶれにくい会社は「無借金経営」の会社です。

「無借金にすると銀行がお金を貸してくれませんよ」「借入金ができるのは信用がある証拠だ」という専門家がいますが、とんでもない、大きな間違いです。

たくさんの会社を見ていると、最初につぶれるのは、借金が多い会社なのです。では、どうしたら無借金経営になれるのでしょうか？

一つの方法は、**面積グラフを活用して左側の資産をお金に変えること**です。※土地、有価証券（株式）などが眠っていれば売却代金で借金を少しでも返済してしまうことです。借入金がたくさんある一方で、現預金もたくさん持っているという会社は、持ちすぎた現預金で返済してしまいましょう。

現預金は月商の1カ月分あれば十分なのです。

※本書では「社内埋蔵金」と呼びます。

■わずかな努力で経営指標は劇的に改善する

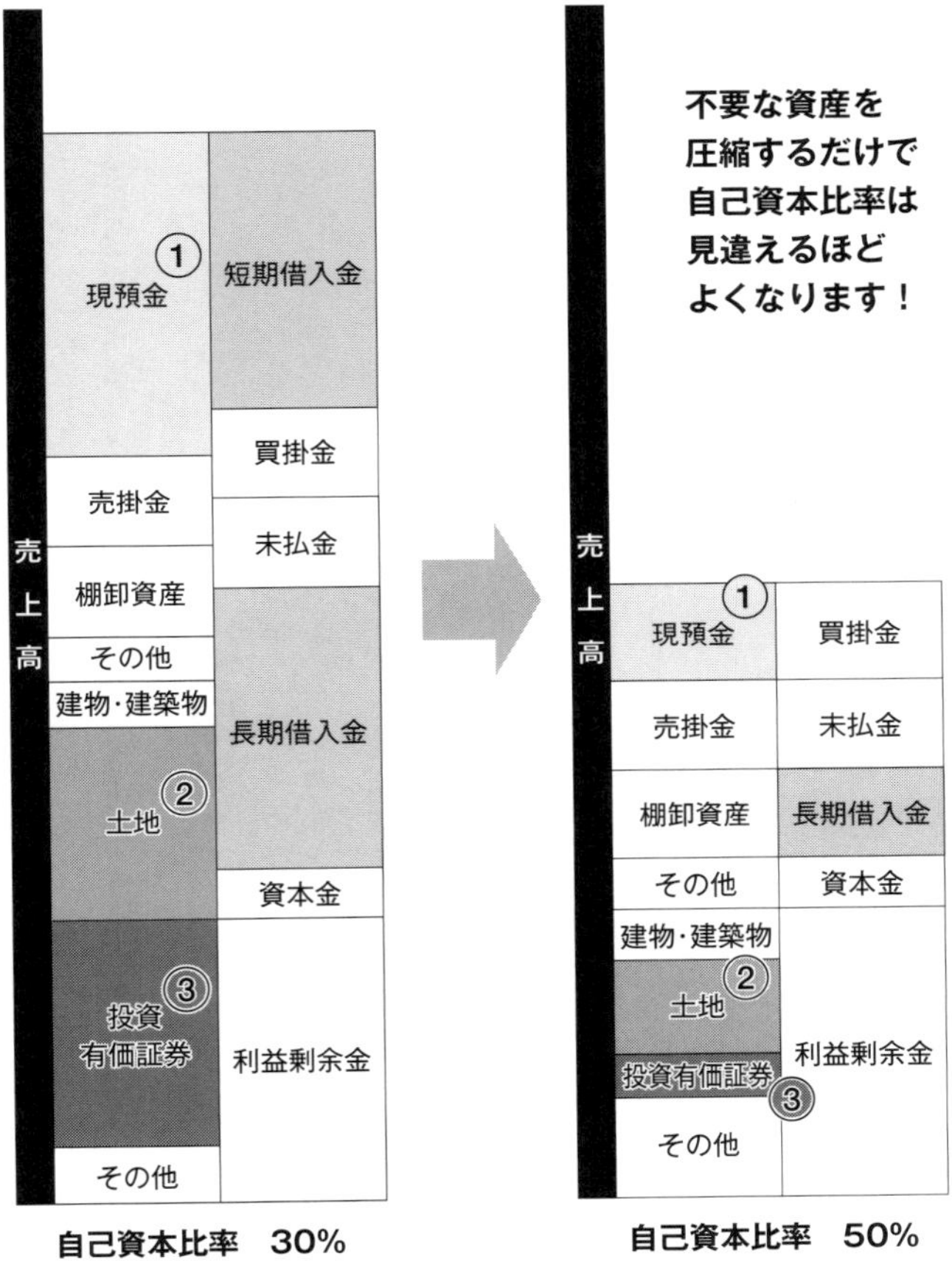

①現預金は月商の１カ月分だけ持つようにした

②不要な土地は売却して借入金を返済した

③投資有価証券も売却して借入金を返済した

安全性の改善策も「ムダな資産の圧縮」。

28 借金を返せる力はありますか?〈金融力〉

■銀行が一番気にするのは「貸したお金が返ってくるか」

ほとんどの会社は銀行とお付き合いをしています。そして、銀行とよい関係を築くことに腐心されています。お金を貸してもらえなくなったら大変だからです。

では、銀行は会社をどうやって判断しているのでしょうか? 残念ながら支店長との付き合いの深さ、ではありません。**決算書の数字をコンピューターで格付けしている**のです。銀行員がそれぞれ判断しているわけではないのです。

銀行はお金を貸して、金利をつけて、回収する商売で

■銀行はコンピューターで格付けしています

銀行の評価	内容	補足
定性要因	数字で測れないもの 会社風土、経営者の誠実性など	営業がチェック
定量要因	数字で測れるもの 決算書の数字	コンピューターで 自動的に計算する

格付けで重視されるのは決算書の数字。

す。「貸したお金がきちんと返ってくるか?」、つまり、返済能力を、もっとも気にしています。

■返済能力とは「借りたお金を何年で返せるか」

では、その返済能力は何を見て判断すればよいでしょうか? それは「借入金を何年で返済できるか?」です。

あなたが、仮に誰かにお金を貸す場合、最初に考えることは「貸したお金は何年で返してもらえそうか?」のはずです。収入から支出を引いて年間でどの程度を回収できそうか? を考えてから、貸すはずです。これは会社も同じです。

さて、会社が借入金を返済するには、**お金を稼ぐ力**（**営業キャッシュフロー**）が必要です。75ページの営業キャッシュフローは税引後当期純利益（当期純利益）をもとに計算しましたが、銀行が重視する利益はあくまで営業利益でした（42・43ページ）。このため、次のようにお考えください。

■経営判断はキャッシュフローを元に行う①

債務返済能力 ＝ 借入金残高※1 ／ キャッシュフロー※2（＝営業利益＋減価償却費）

＜　7（年）　返済能力あり

＞　15（年）　返済能力に注意

※1：銀行に引き受けてもらっている社債がある場合は、社債も含める
※2：銀行が考えるキャッシュフローの基礎は営業利益

金融力の改善策は「キャッシュフロー増加＋借入抑制」。

銀行用キャッシュフロー ＝ 営業利益 ＋ 減価償却費

借りたお金を何年で返せるかは次のように計算します。

借入金残高 ÷ 銀行用キャッシュフロー

これが、**7年以内なら「返済能力あり」ですが15年以上だと危険信号**といえます。

■投資するときもキャッシュフローで考える

会社が成長する過程では銀行から資金を借りて、店舗や工場、あるいは他社等に投資する場面があります。

このとき、投資するか否かの共通の判断基準として考えるべきは「投資したら何年で回収できるか？」「投資の利回り（効率）は何％か？」です。利回りとは、投資額に対して毎年入ってくるお金の割合です。

回収期間も利回りもキャッシュフローで冷静に考えることが大切なのです。**感情よりも勘定**です。

■経営判断は、キャッシュフローを元に行う②

投資をするか、しないかの判断をするとき、主に２つのことを考えます。

（1）投資回収期間はどのくらいか？

科　目	×1年	×2年	…	××年	××年
売上高	×××	×××	×××	×××	×××
営業利益	×××	×××	×××	×××	×××
経常利益	×××	×××	×××	×××	×××
税引後当期純利益	×××	×××	×××	×××	×××
キャッシュフロー	×××	×××	×××	×××	×××
投資残高	×××	×××	×××	×××	×××

判断例）○年以内に投資額を回収できなければ投資はしない、など

（2）投資利回りはどの程度か？

$$\frac{\text{キャッシュフロー}}{\text{投資額}} \times 100 = ○.○\%$$

投資に見合うだけの収益（リターン）が得られるか？
・配当利回りなら２～３％
・マンション投資なら10％

●投資判断のキャッシュフローは
「税引後当期純利益　＋　減価償却費」で行う

投資とは投じたお金以上にお金を稼ぐこと。
だから判断基準はキャッシュフローなのです。

29 わが社は働く人に力がありますか？〈生産性〉

■**「生産性が高い」とは少ない人数でたくさん稼ぐこと**

会社の費用のなかで**一番大きいものは人件費**です。

どの会社も、生産性を高めることが経営課題になっています。つまり、いかにして少ない人数でたくさん稼ぐか、ですね。

人件費は毎月の給料や賞与だけではありません。

健康保険や厚生年金といった〝法定福利費〟も立派な人件費です。社員旅行やレクリエーションなどの福利厚生費や退職金も人件費です。

■人件費は、給料やボーナス（賞与）だけではありません

人件費 ＝ 役員報酬＋給料＋賞与＋法定福利費※1＋福利厚生費※2＋退職金

※１：「給料＋賞与」の14％程度、かかってくる（健康保険料：約5％、厚生年金保険料：約9％）
※２：社宅費用、健康診断費、お祝い金、食事代補助、制服代、歓送迎会の費用など

思っているより、人件費の負担は大きいのです。

■生産性は「付加価値のうち、いくら人件費にまわしたか」

生産性を見る指標として「労働分配率」を考えてみます。

労働分配率は、**会社が稼いだ〝付加価値〟のうち、どの程度を人件費にまわしたのか**……を見る指標です。

付加価値とは、自分で付け加えた価値を指します。

いま、あなたはスーパーで野菜を300円で買い、カレーを作って800円で提供しました。ただし、忙しいので、野菜は、100円でお隣さんにカットしてもらいました。このとき、**800円－300円－100円＝400円**が付加価値です。

つまり、**付加価値＝売上高－仕入高－製造外注費**です。

小売業やサービス業は、売上総利益が付加価値です。

製造業では、**付加価値＝売上高－（材料費＋製造外注費）**です。材料費、製造外注費は、158ページの製造原価報告書に載っています。

■生産性の指標は労働分配率です

販管費明細だけでなく
製造原価報告書も確認してください

$$\text{労働分配率} = \frac{\text{人件費}}{\text{付加価値（＝売上－仕入－製造外注費）}}$$

※製造原価報告書がない会社（製造業以外）は、付加価値＝売上総利益

■「IT化」「システム化」「ロボット化」がキーワード

労働分配率で使う人件費は、販管費の明細（156ページ）からわかります。**製造原価報告書がある会社は、労務費も人件費です。**労働分配率は業種によって違ってきますが、大切なことは同業他社と比較することと、自社の過去の推移をみることです。**サービス業など、ヒトが中心になる商売では50%以下、設備中心の製造業では33%以下**が一つの目安となります。※60%以上なら要注意です。

ルールに基づいて、もれなく、正確に、すばやく行う仕事なら、ヒトより機械やロボットのほうが得意ですね。しかも、機械は「24時間文句なし、残業代なし」なのです。ヒトは8時間ですが、機械は24時間動きます。

これからも人件費はきっと増え続けるでしょう。このため機械を積極的に導入して**人件費の代わりに減価償却費を増やしていく**という発想が大切になります。

■労働分配率が高い会社の特徴

特徴	対策
正社員の人数が多い	パート社員の割合を増やす
社員の高齢化が進んでいる	平均年齢35歳以下を目標に
定着率がよすぎる	社内で競争させる
作業効率が悪い	IT化、システム化、マニュアル化の推進

■労働分配率を引き下げよう

● 小売業、卸売業などの場合

※製造原価報告書なし

損益計算書	
売上高	1,000
売上原価	300
売上総利益	700
販管費	600
営業利益	100
⋮	⋮

販管費明細	
役員報酬	50
給与	180
賞与	50
法定福利費	40
福利厚生費	10
退職金	20
⋮	⋮

$$\text{労働分配率} = \frac{350}{1{,}000-300} = 50.0\%$$

● 製造業などの場合

損益計算書	
売上高	1,000
売上原価	400
売上総利益	600
販管費	450
営業利益	150
⋮	⋮

販管費明細	
役員報酬	30
給与	100
賞与	20
法定福利費	20
福利厚生費	10
退職金	10
⋮	⋮

製造原価報告書	
材料費	80
労務費	150
経費	90
製造外注費	40
⋮	⋮

$$\text{労働分配率} = \frac{190+150}{1{,}000-80-40} = 38.6\%$$

ヒトから機械、システムへ

・残業代なし　・不平不満（労働組合）なし
・社会保険なし　・疲れ知らず、常に正確です

生産性の改善策は「ヒト依存からの脱却」です。

COLUMN 5

銀行や投資家も自己資本に注目しています

銀行は「貸したお金が確実に戻ってくること」、つまり債務償還能力を最も重視します。では、この他に、銀行が貸付先を格付けするポイントは何でしょうか？

次のページをご覧ください。これは、140ページのミニ図版で見た「定量要因」による評価の内訳表です。一つひとつの解説は省略しますが、キャッシュフロー以外に大事なものが、「自己資本」です。自己資本比率が低い会社は、つぶれやすくなります。貸付先がつぶれたら、銀行はお金を回収できず、困ってしまいます。だから、銀行は自己資本も重視しているのです。

これをみると、売上の配分が低いことにビックリされるかもしれません。66ページで「売上より利益やキャッシュが大事です」とお伝えしましたが、この表を見て、この意味についてご理解いただけると思います。

さて、ROA（133ページ）とよく似た単語に「ROE」

①返済不要のお金

銀行がチェック ☞ 自己資本額、自己資本比率

②株主（投資家）が出資したお金 ※上場会社の場合

投資家がチェック ☞ ROE（自己資本当期純利益率）

自己資本の見方は、銀行・投資家で違います。

■銀行からみた格付表（スコアリング）

経営指標	結果	配点	説明
1．安全性項目			
自己資本比率	%	10	自己資本 ÷ 総資産
ギアリング比率	%	10	長短借入金（注） ÷ 自己資本
固定長期適合比率	%	7	固定資産 ÷（固定負債＋自己資本）
流動比率	%	7	流動資産 ÷ 流動負債
2．収益性項目			
売上高経常利益率	%	5	経常利益 ÷ 売上高
総資産経常利益率	%	5	経常利益 ÷ 総資産
収益フロー	期連続	5	
3．成長性項目			
経常利益増加率	%	5	経常利益増加額 ÷ 前期経常利益
自己資本額増加率	%	15	自己資本増加額 ÷ 前期自己資本
売上高増加率	%	5	売上高増加額 ÷ 前期売上高
4．返済能力			
債務償還年数	年	20	長短借入金（注） ÷（営業利益＋減価償却費）
インタレストカバレッジレシオ		15	（営業利益＋受取利息配当金） ÷ 支払利息
キャッシュフロー額	円	20	営業利益＋減価償却費

（注）銀行等、社外から調達した社債があれば含む

重要なのは、自己資本とキャッシュフロー（営業利益＋減価償却費）です。

があります。最近、新聞ではよく〝ROE〟という言葉を見かけます。このROEは、投資家（上場企業の株主）が重視している指標です。下表のとおり、ROEは分母が「自己資本」、分子が「当期純利益」です。

108ページで、自己資本には、会社を応援してくれる方（投資家）が出してくれたお金も含まれるといいました。言い換えると、「自己資本は投資家のお金」ともいえます。その投資家は、自分が出したお金を使って、効率よく儲けて、配当してくれることを期待しています（42ページ）。だから、投資家は、ROEを非常に重視するわけです。

いっぽう、中小企業は、株主＝オーナーです。また、会社の資産＝オーナーのもの、ですね。だから、投資家の目を気にする必要のない中小企業では、総資産を使ってどれだけもうけたか？が大切なのです。

「中小企業はROA、上場企業はROE重視」なのです。

$$\text{ROE} = \frac{\text{当期純利益}}{\text{自己資本（純資産）}}$$

（自己資本
当期純利益率）

株主（投資家）は、
配当の原資となる
当期純利益を
気にします

自己資本は、
株主（投資家）の
お金です

ROEの目標は8%といわれています。

〈参考〉

その他の財務諸表はさらりと流す

問題解決において大切なことは優先順位をつけることである。
重要性の低い決算書は捨ててしまおう

30 キャッシュフロー計算書はお金の増減を表す

■お金が動くのは「営業」「投資」「財務」の3場面

会社経営において、お金の動きは次の3つに分かれます。

・売上取引や仕入取引などの「営業活動」
・建物や機械、株式等を売買するなどの「投資活動」
・お金を借りる、返す、配当するなどの「財務活動」

投資活動や財務活動は、状況によりプラスになったり、マイナスになったりします。しかし、**営業活動だけは常にプラスである必要**があります。営業活動のキャッシュフローがマイナスなら本業が危ない、ということです。

■キャッシュフローから見た、主な活動の説明

活動区分	状態	対策
営業活動	＋	本業でお金を稼いでいる（望ましい状態）
投資活動	＋	資産（固定資産、株式など）を売却して、お金を稼いだ
		貸付金のお金を回収した
	－	資産を取得してお金を使った
		貸付を行ってお金を渡した
財務活動	＋	借入金を増やした
	－	借入金を返済した
		株主に配当金を支払った

営業活動のキャッシュフローが2期以上連続でマイナスなら、注意が必要です。

■キャッシュフロー計算書のポイント

営業活動によるキャッシュフロー			
税引前当期純利益	(a)	××××	参考(75ページ)
減価償却費(＋)	(b)	××××	税引後当期純利益　(a)＋(d) ＋ 減価償却費等　(b)＋(c) ‖ 営業キャッシュフロー
固定資産売却損失(＋)	(c)	××××	
⋮		⋮	
小計		××××	
⋮		⋮	
法人税等の支払額(△)	(d)	××××	
営業活動によるキャッシュフロー		××××	☜**ここがマイナスなら要注意** (67ページ)
投資活動によるキャッシュフロー			
有形固定資産の取得による支出		××××	参考(73ページ)
⋮		⋮	
投資活動によるキャッシュフロー		××××	投資活動(取得、売却)は 営業活動ではない
財務活動によるキャッシュフロー			
短期借入金の純増額		××××	
長期借入れによる収入		××××	参考(73ページ)
長期借入金の返済による支出		××××	
配当金の支払額		××××	借入・返済や配当は 営業活動ではない
⋮		⋮	
財務活動によるキャッシュフロー		××××	
現金及び現金同等物の期末残高		××××	☜貸借対照表の「現預金」の 金額と一致

中小企業では作成していないことが多い。
(裏返せば、それぐらいのレベルの書類、ということ)

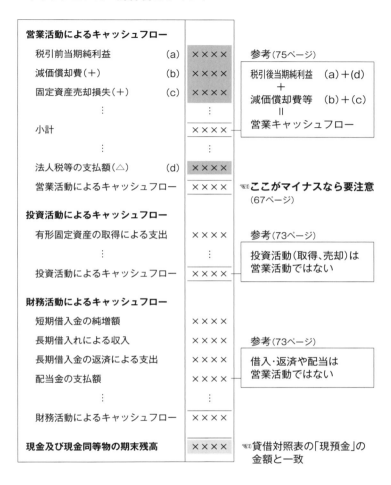

31 株主資本等変動計算書の重要性は低い

■ 貸借対照表だけでも純資産の動きはわかる

この書類の重要性は低いです。なぜなら、純資産（自己資本）が動く場面は、とても少ないからです。

純資産（自己資本）が動く場面は、大きく次の2つです。

① **純利益が確定したとき**…利益剰余金が増える
② **配当を行ったとき**…利益剰余金が減る

前年の貸借対照表と比較すれば純資産（自己資本）がいくら動いたかは、すぐに把握できます。①②以外でも純資産は動きますが、貸借対照表を見れば足りるでしょう。

■株主資本等変動計算書は純資産（自己資本）の動きをまとめたもの

- **純資産（自己資本）が１年間でどうやって増えたか、減ったかを示している。**
- **会社を応援してくれる方に出してもらったお金は、返済する必要はなく、自己資本（108ページ）。**
- **その代わり「応援者（＝株主）には、この自己資本がどのように動いたかを丁寧に報告しましょう」というのが主旨。**

■株主資本等変動計算書で見てみよう

項目	株主資本					純資産合計（※）
	資本金	資本剰余金	利益剰余金	自己株式	株主資本合計	
当期首残高	50	10	500	△30	530	530
当期変動額						
剰余金の配当			② △10			
当期純利益			① 50			
自己株式の処分						
自己株式の取得				③ △10		
当期変動額合計	0	0	40	△10	30	30
当期末残高	50	10	540	△40	560	560

前期末の貸借対照表の自己資本の金額と一致

当期末の貸借対照表の自己資本の金額と一致

①：当期純利益は貸借対照表の利益剰余金につながる(109·111ページ)

②：株主に対する配当の原資は当期純利益(43ページ)である。
当期純利益は貸借対照表上では利益剰余金になるため、
結局、配当金の支払いは利益剰余金のマイナスとなる

③：会社が、自社の株式を取得した場合は、自己資本からマイナスされる

※厳密にいうと純資産は以下の3部から構成されている。
いずれも貸借対照表の純資産の部（自己資本）を見ておけば十分
株主資本・・・・・・・・・・株主の持ち分（上記のとおり）
評価・換算差額等・・・上場株式などを時価で評価した場合の、取得原価との差額
新株予約権・・・・・・・・将来、その会社の株式を受け取ることができる権利

株主資本等変動計算書で動くのは
純利益と配当金くらい。

32 附属明細書で大切なのは販管費明細

■損益計算書の「販管費」の内訳を確認しましょう

「販売費及び一般管理費」（販管費）は、損益計算書では一括りになっていることが多いのです。そのため、この内訳を確認するには、販管費の明細書が必要になります。

このうち〝租税公課〟には、印紙税、固定資産税、自動車税など、法人税以外の税金が集まります。それ以外の項目の内容については、ある程度、イメージできるでしょう。

販管費は、本社部門（営業、管理など）の費用です。工場や現場で発生した費用は、次項の製造原価報告書に集まります。

■「固定資産」「引当金」「販管費」は明細書が付いている

- **貸借対照表は決算日時点の残高を表すが、固定資産**（100ページ）**や引当金**（114ページ）**は、期中に変動がある。**
- **その変動理由を附属明細書を見ることで確認できる。**
- **販管費明細を見れば、損益計算書で1行で表されている販管費の詳細な内訳を知ることができる。**

■販管費明細で本社部門(営業、管理など)の経費を見てみよう

販売費及び一般管理費の明細

役員報酬	800	人件費☜144ページ
給与手当	3,800	人件費☜144ページ
賞与	1,000	人件費☜144ページ
退職金	300	人件費☜144ページ
法定福利費	600	人件費☜144ページ
福利厚生費	100	人件費☜144ページ
⋮	⋮	
減価償却費	200	☜50ページ
⋮	⋮	
修繕費	80	☜建物等のメンテナンス費
⋮	⋮	
租税公課	100	☜利益に関係ない税金
⋮	⋮	
交際費	20	※
業務委託費	150	※
支払手数料	50	※
⋮	⋮	
販売費及び一般管理費合計	8,000	

・法人事業税
・事業所税
・固定資産税
・印紙税
・自動車税
・不動産取得税
・登録免許税　など

※見覚えのない不透明な支出、役員による公私混同など、不正支出に注意する

販管費の内容は、どの会社でも共通しています。

33 製造原価がわかる、もう一つの報告書

■「当期製品製造費用」が損益計算書との架け橋

製造業の場合には製品を製造するためにかかった原価を、「製造原価報告書（明細表）」にいったん集めます。

製造原価報告書は大きく、「材料費」「労務費」「外注加工費」「製造経費」から構成されています。そして、この報告書の一番下には「当期製品製造原価」がやってきます。これが、1年間で製品を製造するのにかかった金額です。

この原価は、右の4つの費用と原材料や仕掛品の在庫金額から計算され、損益計算書につながります。

■材料代だけじゃない！現場でかかったあらゆる費用が登場

- **材料費はもちろん、工場や現場で働く社員の人件費、家賃、水道光熱費、工場や現場で使う機械などの減価償却費も、製造原価報告書に集まる。**
- **分析を行う場合**（54ページ、144ページ）**、この報告書の数字を見落とすと正しい判断ができない。減価償却費や人件費などは販管費以外にもココに登場するので注意が必要。**

■現場/製造にかかるあらゆる経費は、ここを見よう

損益計算書

売上高		30,000
売上原価		
※ 期首棚卸高	1,500	
商品仕入高	6,000	
当期製品製造原価	13,000	
合計	20,500	
期末棚卸高	2,500	18,000
売上総利益		12,000

製造原価報告書

科目	金額		
【材料費】			
※ 期首材料棚卸高	500		
原材料仕入高	2,000		
合計	2,500		
期末材料棚卸高	600	1,900	①
【労務費】			
賃金	3,000		
賞与	500		
雑給	1,200		
退職金	50		
法定福利費	600		
福利厚生費	150	5,500	②
【外注加工費】		2,300	③
【製造経費】			
運送費	900		
水道光熱費	300		
事務用品費	100		
減価償却費	100		
修繕費	450		
賃借料	1,000		
車輛費	200		
租税公課	100		
雑費	50	3,200	④
※ 当期総製造費用		12,900	⑤（①～④合計）
期首仕掛品棚卸高		500	⑥
期末仕掛品棚卸高		400	⑦
当期製品製造原価		13,000	⑤＋⑥－⑦

※48ページ参考

損益計算書と製造原価報告書は「当期製品製造原価」で結ばれています

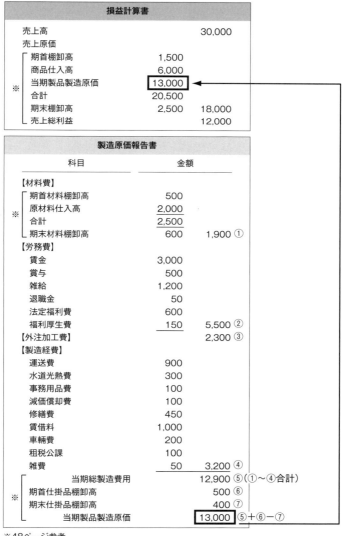

監修者紹介

井上和弘（いのうえ・かずひろ）

株式会社アイ・シー・オーコンサルティング会長。

企業再建の「名外科医」として、経営指導歴45年、これまで500社を直接指導。オーナー社長のクセを知り尽くし、一部上場はじめ株式公開させた企業も十数社にのぼる。

著者紹介

福岡雄吉郎（ふくおか・ゆうきちろう）

株式会社アイ・シー・オーコンサルティング主任コンサルタント。

公認会計士、税理士。

名古屋大学卒業後、中堅監査法人へ入社。年商数億円から1000億円を超える企業まで、さまざまな業種の監査業務に従事。2012年、㈱アイ・シー・オーコンサルティング入社。中小・中堅企業に対してキャッシュフローを増やすための財務改善指導（オフバランス、資金繰り改善、投資計画策定）、キャッシュフローを守るための内部監査業務に従事。最近は、オーナー経営者の高額退職金支給や株式相続などの事業承継、M&A（会社売買）の指導で全国を奔走している。

本書が初の著作になる。

超解 決算書《けっさんしょ》で面白《おもしろ》いほど会社《かいしゃ》の数字《すうじ》がわかる本《ほん》 〈検印省略〉

2016年 7 月 9 日 第 1 刷発行
2025年 8 月 5 日 第 9 刷発行

監修者――井上 和弘（いのうえ・かずひろ）
著 者――福岡 雄吉郎（ふくおか・ゆうきちろう）
発行者――田賀井 弘毅

発行所――株式会社あさ出版
〒171-0022 東京都豊島区南池袋 2-9-9 第一池袋ホワイトビル 6F
電 話 03（3983）3225（販売）
03（3983）3227（編集）
F A X 03（3983）3226
U R L http://www.asa21.com/
E-mail info@asa21.com

印刷・製本 美研プリンティング（株）

note http://note.com/asapublishing/
facebook http://www.facebook.com/asapublishing
X https://x.com/asapublishing

ISBN978-4-86063-877-1 C2034